La diaspora del socialismo italiano

di Ferdinando Leonzio

I giovani non hanno bisogno di sermoni: i giovani hanno bisogno di esempi di onestà, di coerenza e di altruismo (**Sandro Pertini**)

ZeroBook
2020

Titolo originario: *La diaspora del Socialismo italiano* / di Ferdinando
Leonzio

Questo libro è stato edito da ZeroBook: www.zerobook.it.
Prima edizione ebook: maggio 2017.
Prima edizione book: ottobre 2020
book: ISBN 978-88-6711-120-6

Controllo qualità ZeroBook: se trovi un errore, segnalacelo!
Email: zerobook@girodivite.it

Indice generale

Coerenza

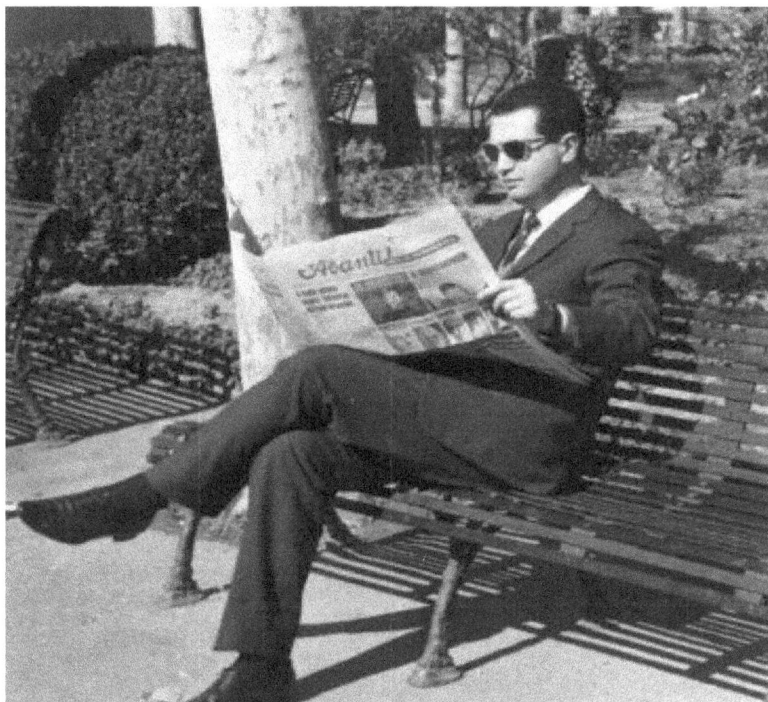

L'Autore legge l'*Avanti!* (1966)

Introduzione

Da un punto di vista generale, sul socialismo, considerato come complesso di dottrine politiche o come insieme di partiti e movimenti che convergono su un determinato fine, definizioni, aforismi, giudizi, ne esistono moltissimi, anche in considerazione delle diverse epoche, delle diverse realtà e delle diverse culture ed esperienze dei suoi protagonisti.

A volte viene sottolineato l'aspetto etico del socialismo: *Armonia di pensiero, di fede, di cuore, di fraternità umana: ecco che cosa era il socialismo quando io lo abbracciai come una vera religione...* (Argentina Altobelli); [*Il socialismo*] *è una dottrina, un'idea, è – soprattutto – una fede* (Maria Giudice); *Ho creduto nel socialismo che per me ha significato giustizia, libertà, dignità umana* (Alberto Jacometti).

Altre volte prevale l'ansia di giustizia sociale: *Il socialismo è portare aventi quelli che sono nati indietro* (Pietro Nenni); infatti *è socialista quella società che riesce a dare a ciascun individuo la massima possibilità di decidere la propria esistenza e di costruire la propria vita* (Riccardo Lombardi). Fermo restando che esso non può *essere disgiunto da una piena attuazione della democrazia, dal rispetto della persona umana, dalla partecipazione attiva dei cittadini alla vita politica* (Vera Lombardi). Quello della libertà è un tema molto presente nella storia del socialismo: *Noi non colpiremo mai la libertà e la democrazia per edificare il socialismo, ma edificheremo il socialismo per difendere la libertà e la democrazia* (Giuseppe Saragat).

Inoltre *il socialismo per sua natura deve essere alternativo al sistema capitalistico. Se perde questa caratteristica cessa di esistere* (Felipe Gonzàlez), per cui l'alternativa di fondo è *socialismo o barbarie* (Rosa Luxemburg).

Per Sandro Pertini *libertà e giustizia sociale, che poi sono le mete del socialismo, costituiscono un binomio inscindibile: non vi può essere vera libertà senza la giustizia sociale, come non vi può essere vera giustizia sociale senza libertà. Ecco, se a me socialista offrissero la realizzazione della riforma più radicale di carattere sociale, ma privandomi della libertà, io la rifiuterei, non la potrei accettare. Ma la libertà senza giustizia sociale può essere anche una conquista vana. Si può considerare veramente libero un uomo che ha fame, che è nella miseria, che non ha un lavoro, che è umiliato perché non sa come mantenere i suoi figli ed educarli? Questo non è un uomo libero.*

Per dare un quadro ancora più preciso circa la natura e gli scopi del socialismo, mi piace raccontare la seguente parabola laica, che parla appunto di un quadro, nel senso di dipinto.

Dunque: un uomo fa fare, ad un suo amico che viene da fuori, un giro nel grande museo cittadino. I due si fermano ad ammirare un grande quadro che rappresenta due donne che si abbracciano. „Chi sono quelle due?", chiede il forestiero all'amico. „Sono la Legge e la Giustizia". „E perché si abbracciano?" „Perché si incontrano di rado e quella volta che ciò accade si fanno tanta festa!".

Ebbene, i socialisti vogliono che quelle due signore non vivano separate, vogliono che le leggi siano in direzione della giustizia sociale, a vantaggio non dei più forti, ma dell'intera società.

Se vogliamo definire il socialismo in senso soggettivo, nel senso di chi si vota ad una causa, facendo una scelta di vita, credo non ci sia modo più efficace di definirlo di quello enunciato da Claudio Treves: *Il socialismo è istinto, che diviene coscienza e si tramuta in volontà.*

Quell'istinto si risveglia e si agita dentro di noi quando vediamo un lavoratore umiliato, un bambino affamato, una donna oltraggiata, un „diverso" emarginato...

Se *essere socialisti significa mantenere vivo in sé uno spirito di rivolta* (Ségolène Royal), è anche necessario acquistare coscienza dei mali sociali, delle loro cause, dei meccanismi che li hanno determinati. Da un istinto raffinato dalla capacità di analisi, arricchito dalla necessaria cultura, scaturisce una volontà forte, determinata a cambiare le cose, per far sì che l'umanità si incammini verso un destino in cui giustizia e libertà costituiscano veramente un binomio inscindibile. Si tratta appunto di un cammino, di una meta, non di un'utopia di una società statica, definita nei suoi istituti una volta per sempre. Lo stesso Marx disse: *Io non sono marxista*, volendo con ciò significare che la società è in continuo movimento, che la storia non si ferma mai e che, pertanto, occorre sempre confrontarsi con le nuove realtà che via via vanno emergendo.

Fin dal suo sorgere il socialismo si presenta come un movimento eclettico, visto il gran numero di pensatori[1] protesi a predicare a suo nome un mondo di giustizia. Fra tutti emerge Karl Marx, che molti si sono affrettati a mettere in soffitta, dopo esserne stati i corifei per molti anni. In realtà il nucleo centrale del pensiero del filosofo di Treviri rimane saldamente in piedi, in particolare il materialismo storico; infatti, chiunque si occupi di storia non può non accorgersi come, in fondo a molte scelte dei singoli e degli Stati ci sia il fattore economico. Si obietta a Marx che la classe operaia non

---

1   Henri de Saint-Simon(1760-1825), Robert Owen (1771-1858), Charles Fourier (1772-1857). Auguste Blanqui (1805-1861), Pierre-Joseph Proudhon (1809-1865), Louis Blanc (1811-1882), Friedrich Engels (1820- 1895), Ferdinand Lassalle (1825-1864), ecc.

è più la classe rivoluzionaria destinata a guidare la lotta per una società socialista, e che essa è ormai largamente minoritaria. Eppure basterebbe sostituire al concetto di „classe operaia", quello di „classe lavoratrice" per capire come i potenziali sostenitori di una società più giusta siano largamente maggioritari: operai, braccianti , coltivatori diretti, piccoli proprietari, artigiani, impiegati, disoccupati, vedove, orfani, malati, invalidi , discriminati di ogni genere costituiscono un'immensa massa capace di marciare verso una società più solidale e perciò più civile. Ed anche il concetto, ritenuto smentito dalla storia, dell'impoverimento progressivo dei lavoratori non va inteso in senso letterale e assoluto, poiché è vero che gli operai stanno assai meglio che nell'Ottocento; va, invece, considerato in relazione alla società in cui viviamo, ai bisogni reali e a quelli indotti dalla pubblicità e quindi dal mercato, sempre alla ricerca di nuovi profitti. In senso relativo noi possiamo osservare che anche nelle società più avanzate la forbice tra ricchi e poveri tende ad allargarsi: si cerca, inoltre, di scaricare sui lavoratori il peso delle crisi ricorrenti. È abbastanza recente la lotta per assicurare l'assistenza sanitaria a milioni di cittadini americani che ne erano privi ed è sotto l'occhio di tutti quello che è accaduto nelle società postcomuniste, alle quali è subentrato un capitalismo selvaggio, il quale, se ha creato spazi nuovi di libertà e di democrazia formale, ha anche convogliato la ricchezza nazionale nelle mani di pochi. È inoltre da osservare a coloro che ritengono il socialismo ormai superato o addirittura obsoleto, come in realtà il centro propulsivo del socialismo mondiale si sia spostato dalla vecchia Europa, in cui era nato, all'America latina[2], le cui popolazioni per decenni hanno dovuto sopportare condizioni durissime di vita oltre che sanguinarie dittature, nate proprio per garantire i privilegi di caste ristrette di proprietari delle risorse nazionali.

I diversi apporti ideologici e culturali, le diverse esperienze individuali, la varietà di situazioni secondo le epoche e le nazioni furono, in seno al socialismo, spesso causa di divisioni fin dalle sue origini.

---

2   Attualmente esistono in America Latina vari presidenti, insediatisi di recente, in vario modo richiamantisi al socialismo: Cristina Kirchner (Argentina, *Fronte per la vittoria*); Evo Morales (Bolivia, *MAS Movimento per il socialismo-Strumento politico per la sovranità dei popoli*); Dilma Roussef (Brasile, *PT – Partito dei Lavoratori*); Michelle Bachelet (Cile, *Partito Socialista Cileno*); Luis Guillermo Solìs (Costa Rica, *Partito di Azione Cittadina*); Rafael Correa (Equador, *Alleanza Paese*); Daniel Ortega (Nicaragua, *FSLN - Fronte Sandinista di Liberazione Nazionale*); Ollanta Humala (Perù, *Perù Vince*); Pepe Mujica (Uruguay, *Fronte Ampio*); Nicolàs Maduro (Venezuela, *PSUV – Partito Socialista Unito del Venezuela*).

La Prima Internazionale[3] finì per soccombere agli scontri tra marxisti ed anarchici. I partiti socialisti che ne raccolsero l'eredità furono spesso teatro della lotta fra rivoluzionari e gradualisti. Questa lotta interna era spesso determinata dalla ricerca di un'impossibile e dannosa purezza ideologica che farà esclamare a Pietro Nenni: *A fare a gara a fare i puri, troverai sempre uno più puro... che ti epura.*

Ma i confini entro i quali essere socialista ha un significato ben preciso erano già delineati.

Fuori di essi non ci può essere socialismo.

---

3   L'A.I.L. (Associazione Internazionale dei Lavoratori) si proponeva di collegare fra loro i diversi gruppi politici di sinistra operanti nei vari Stati e le varie organizzazioni di lavoratori. Fu fondata a Londra nel 1864. In essa convivevano diverse correnti ideologiche, sicché la sua esistenza fu spesso travagliata da frazionismi, principalmente dalla lotta fra marxisti e anarchici. I primi, attraverso la lotta di classe, la dittatura del proletariato e la proprietà collettiva dei mezzi di produzione, miravano ad una società senza classi; i secondi, di cui il più autorevole esponente era il russo Michail Bakunin (1814-1876), invece puntavano, mediante l'azione diretta, all'estinzione immediata dello Stato e di ogni altra istituzione gerarchicamente organizzata. Al congresso dell'Aja del 1872 gli anarchici vennero espulsi, per cui crearono *l'Internazionale di Saint-Imier*, dal nome della cittadina svizzera in cui tennero il loro congresso costitutivo (15-16/9/1872). L'A.I. L. che aveva spostato la sua sede a New York fu sciolta alla conferenza di Filadelfia (15-7-1876).

Anzitutto il **classismo**, cioè il volere sempre essere dalla parte di coloro *che sono rimasti indietro*, degli oppressi, dei deboli, dei perseguitati: *Per essere socialista devi difendere sempre la causa dei lavoratori* (Filippo Turati). E ancora la **democrazia**, non solo nella vita interna dell'organizzazione proletaria, ma anche come fondamento di uno Stato basato sul consenso e sul controllo dei cittadini: *La democrazia non è solamente la possibilità e il diritto di esprimere la propria opinione, ma è anche la garanzia che tale opinione venga presa in considerazione da parte del potere, la possibilità per ciascuno di avere una parte reale nelle decisioni* (Alexander Dubcek). Alla democrazia è naturalmente connessa la libertà, onde potere assicurare la piena realizzazione della persona umana. Il terzo pilastro dell'idea socialista venne individuato nell' **internazionalismo**[4], cioè nella

---

4   La sua importanza fu tale che perfino i movimenti scissionisti del socialismo spesso non poterono fare a meno di richiamarsi ad esso. Per restare alla sola Italia, si pensi all'organo di stampa dei comunisti italiani, usciti dal PSI nel 1921: l'**Unità,** al partito fondato nel 1922 dai socialisti riformisti turatiani, che prese il nome di Partito Socialista **Unitario**, che nel 1927 divenne Partito Socialista **Unitario** dei Lavoratori Italiani; al gruppo riformista guidato da Ivan Matteo Lombardo, uscito dal PSI nel 1948, che prese il nome di **Unione** dei Socialisti; al partito formato da vari gruppi autonomisti usciti dal PSI e dal PSLI, guidati da Giuseppe Romita, che nel 1949 assunse la denominazione di Partito Socialista **Unitario**; al nome assunto di Movimento **Unitario** di Iniziativa Socialista dall'ala sinistra

fratellanza di tutti i lavoratori: *Proletari di tutti i Paesi, unitevi* (Karl Marx – Friedrich Engels). Ad esso è strettamente collegata la lotta per la pace. Celebre, a questo proposito, il grido di Clara Zetkin: *Lottiamo per la pace. Guerra alla guerra, compagne!*

La Seconda Internazionale, che era stata fondata nel 1889 a Parigi, crollò però come un castello di carta nel 1914, allo scoppio della prima guerra mondiale.

Dalle sue ceneri il proletariato internazionale uscì lacerato in tre posizioni che con molta approssimazione potremmo definire rispettivamente socialdemocratica, socialista e comunista, (o, se si preferisce, di destra, di centro e di sinistra) che diedero vita ciascuna ad un'organizzazione internazionale[5] .

---

del PSDI che nel 1959 lasciò la socialdemocrazia; al partito fondato dalle correnti di sinistra del PSI nel gennaio 1964, che prese il nome di Partito Socialista di **Unità** Proletaria; al movimento fondato nel 1989 dal gruppo socialdemocratico scissosi dal PSDI e guidato da Pier Luigi Romita che assunse la denominazione di **Unità** e Democrazia Socialista.

5   I socialdemocratici (o socialisti di "destra") fecero risorgere la **Seconda Internazionale**, ricostituitasi nel congresso di Ginevra del luglio 1920, dopo le conferenze preparatorie di Berna (febbraio 1919), Amsterdam e Lucerna (agosto 1919), sotto la direzione del Partito Laburista britannico.

I partiti e gruppi socialisti (o socialisti di sinistra, se raffrontati ai precedenti) formarono, invece, nel febbraio 1921, l'**Unione**

Questa divisione fra le tre componenti, rivelatasi man mano duratura e irreversibile, comportò polemiche anche violente e accuse reciproche e fu causa non ultima, seppure involontaria, di autentiche tragedie, quali l'avvento del fascismo e del nazismo e di ciò che ne conseguì, di cui esse stesse furono le prime vittime.

Ma quei dibattiti, quelle dispute, spesso accese e laceranti, rafforzarono, all'interno del movimento socialista, lo spirito critico dei militanti, li abituarono all'esercizio della libertà di opinione, del confronto continuo, all'insegna di un atteggiamento culturale profondamente laico, che non conosce autorità indiscutibili.

Il comunismo, specie con l'avvento di Stalin, finì col prendere una strada tutta sua, caratterizzata

---

Internazionale Socialista o Internazionale di Vienna, dal luogo in cui aveva sede, detta spregiativamente dai comunisti „l'Internazionale due e mezzo", perché si collocava tra la Seconda e la Terza Internazionale. Essa tentò di promuovere la riunificazione fra le tre organizzazioni, ma fallì del tutto. Sicché le due suddette Internazionali si fusero al congresso di Amburgo del 1923 dando vita all'**Internazionale Operaia Socialista** (IOS).

I comunisti, sotto la spinta di Lenin e della Rivoluzione Russa, il 4-3-1919, invece, fondarono a Mosca la monolitica **Internazionale Comunista** o Terza Internazionale o Comintern. Essa fu sciolta il 15-5-1943, durante la seconda guerra mondiale.

dall'accantonamento delle libertà fondamentali e della democrazia sostanziale; la dittatura *del* proletariato diventò dittatura *sul* proletariato, esercitata dalla nuova classe costituita dalla burocrazia di partito[6]; il che ha finito con lo sminuire anche le riforme sociali che aveva promosso nei Paesi in cui è stato al potere, Paesi che esso, con evidente forzatura storica e linguistica, si ostinava a definire socialisti. Sicché, quando il comunismo crollò proprio nei Paesi che ne avevano costituito la base più solida, l'ira popolare, memore del regime oppressivo, si rivolse ad ogni cosa che avesse avuto relazione con la parola „socialismo"[7].

---

6   Il fenomeno fu analizzato da Milovan Gilas (1911-1995), politologo e dirigente della Lega dei Comunisti Jugoslavi, poi caduto in disgrazia, nel suo famoso libro *Nova Klasa* (*La nuova classe*, pubblicato negli USA nel 1957) . In esso si constata la degenerazione degli apparati dei partiti comunisti al potere nell'Europa orientale, in cui l'oligarchia burocratica controllava i mezzi di produzione e di scambio, pur senza esserne giuridicamente proprietaria e godeva di particolari vantaggi materiali. Essa così finì col configurarsi come una vera e propria classe sociale, con interessi propri, diversi da quelli del *popolo lavoratore*, in nome del quale diceva di esercitare il potere.

7   Quando, il 17 novembre1989, a Praga, Bettino Craxi abbracciò Alexander Dubcek, divenuto presidente del Parlamento e Vàclav Havel, presidente della Repubblica federale ceca e slovacca, comunicando l'esultanza dei socialisti italiani per la rinascita della libertà in quel Paese, sentì una voce gridare:

Quanto alla socialdemocrazia, essa finì per configurarsi come la forza socialista operante essenzialmente nelle società avanzate dell'Europa occidentale. Dove si trovò a governare, come fu il caso delle socialdemocrazie scandinave e del laburismo britannico, ottenne risultati importanti, riuscendo a costruire un apparato sociale in grado di assistere i cittadini, come è stato detto, *dalla culla alla bara* ed anche di dare decisivi contributi alla salvaguardia della pace[8]. Tuttavia non mise mai seriamente in discussione l'ordinamento capitalistico degli Stati, preferendo operare all'interno delle loro istituzioni, conquistandole, ove possibile, col metodo democratico ed operandovi all'insegna di un gradualismo, che affidava la realizzazione del socialismo ad un futuro non ancora visibile all'orizzonte, e misurandosi col

---

Sozialìsmus kaputt, kaputt! Questo il suo commento: *C'è stata una commistione, quasi un'identificazione, tra comunismo e socialismo, e l'opposizione rischia di allargarsi a tutto quello che ha sapore di socialismo, anche nel senso di socialismo democratico. Bel problema.*

L'episodio è riferito in *Craxi una vita, un'era politica* di M. Pini, ed. Mondadori, 2011, pag. 400.

8   Si veda, ad esempio, il contributo di Willy Brandt (1913-1992), prestigioso leader della socialdemocrazia tedesca e dell'Internazionale Socialista, nonché uomo di Stato, che con la sua *Ostpolitik*, riuscì a diminuire le tensioni della „guerra fredda". Per il suo impegno fu insignito del premio Nobel per la pace nel 1971.

rischio, sempre dietro l'angolo, di scivolare nel parlamentarismo e, a volte, anche nell'opportunismo.

Fra queste due diverse posizioni se ne inserisce una terza, diciamo così, „intermedia", rappresentata da un'area politica variamente denominata, secondo le situazioni storiche e politiche: di „centro" o semplicemente socialista, se raffrontata alla sua collocazione strategica rispetto alle altre due visioni: quella comunista e quella socialdemocratica; o „socialista di sinistra", se riferita al solo movimento socialista, ormai inteso come definitivamente separato da quello comunista. Quest'agitata area centrale del socialismo fu sempre insidiata dalla forza di attrazione delle altre due e quindi soggetta a continue scissioni alla sua destra e alla sua sinistra che continuamente la agitarono, fino a ridurne la forza politica e la consistenza organizzativa, come accadde ad esempio al socialismo italiano che per molto tempo ne fu autorevole rappresentante[9].

Comunque, al di là delle denominazioni e collocazioni, essa fu ed è caratterizzata dal tentativo di dare convincenti risposte al fondamentale quesito che da sempre ha agitato il socialismo mondiale: come

9   A questo proposito Pietro Nenni parlò di *orgia delle scissioni*, quasi riferendosi al fascino perverso dell'autodistruzione. Si può vedere in proposito di F. Leonzio *Socialismo – „L'orgia delle scissioni"*, Edizioni Ddisa, 2008.

conciliare concretamente il mantenimento di una salda democrazia nella gestione del potere con l'obiettivo di trasformare le strutture economiche della società, per creare un sistema produttivo che impedisca il riprodursi di privilegi e di oppressioni. Questa posizione, che in Italia ebbe una acuta intuizione nel pensiero di Riccardo Lombardi, che parlò di *riforme di struttura*, può oggi essere considerata, nell'ambito del socialismo mondiale, una „specie in via di estinzione". Una specie che però ha avuto momenti di grande visibilità e di grande intuizione nel corso del Novecento, tanto da attirarsi addosso le „attenzioni" delle potenze dominanti, fondatamente timorose che certi esempi potessero contagiare altri popoli e quindi insidiare la loro posizione di potere mondiale. Parlo dei due generosi tentativi effettuati da Alexander Dubcek in Cecoslovacchia e da Salvador Allende in Cile, schiacciati dalla prepotenza e dalla brutalità degli opposti imperialismi.

A questa storia di dibattiti accalorati, di confronti continui, di discussioni agitate, di eccessivi protagonismi, di masochistiche lacerazioni, non sfuggì il socialismo italiano, che fece esclamare ad un esasperato Filippo Turati: *Come sarebbe bello il socialismo senza i socialisti!*

Il movimento socialista italiano sembrò concludere la sua parabola subito dopo il compimento del suo secolo vita, sotto la spinta di inquietanti vicende giudiziarie.

Naturalmente non era e non poteva essere così. Come disse Matteotti ai suoi sicari fascisti, *voi potete uccidere me, ma l'idea che è in me non l'ucciderete mai*. Il socialismo, infatti, quello che scorre lungo il fiume i cui invalicabili argini abbiamo sopra cercato di delineare non può morire: finché ci saranno ingiustizie nel mondo, ci sarà un socialista pronto a battersi contro di esse. Ma le organizzazioni umane, i partiti politici che nel corso della storia se ne sono intestati gli ideali, quelli sì, possono sgretolarsi.

Anche in Italia dunque i partiti che avevano avuto leader della statura di Pietro Nenni e di Giuseppe Saragat, il PSI e il PSDI intendo, si dissolsero, lasciando il posto a quella che è stata detta la *diaspora socialista*, quanto mai frammentata, al punto che il compito del ricercatore che ne tenta di ritrovare il filo logico e cronologico risulta particolarmente arduo.

A parte ciò, premesso che per diaspora, come ognuno sa, s'intende la dispersione di un popolo in varie parti del mondo, parlando del „popolo socialista" si vuole evidenziare come la massa degli iscritti ed elettori dei partiti socialisti italiani si sia frantumata in svariate formazioni. Da ciò, da parte di molti, si fa scaturire la conseguenza, apparentemente logica, che una ricomposizione delle divisioni, potrebbe ridare forza al movimento socialista nel suo complesso ed alle sue idee. Non riteniamo di poter accettare un simile ragionamento.

Mentre un popolo, anche se diviso, conserva, in qualunque parte del mondo, i suoi immutati tratti etnici e culturali, le divisioni nel campo socialista hanno comportato mutamenti assai profondi nei diversi raggruppamenti che ne sono scaturiti.

Nel presente lavoro, che appunto della *diaspora socialista* si occupa, chi scrive ha scelto di tentare di descrivere il cammino di partiti, movimenti e gruppi autodefinitisi di matrice socialista, basandosi su un criterio nominalistico, cioè senza tenere conto della sostanza dell'essere socialista.

Lasciando comunque da parte discorsi basati su concetti, come quello espresso dalla senatrice Lina Merlin (*per essere socialisti bisogna essere onesti*), che costituiscono una precondizione, essenziale sì, ma non sufficiente per essere classificati socialisti, ci sembra giusto però sottolineare come persone e gruppi , che si considerano eredi politici di Matteotti siano finiti in un abbraccio affettuoso perfino con gli eredi politici di Mussolini. Ovviamente ognuno è libero di cambiare idee e collocazione politica, ma chi ha scelto la destra dello schieramento politico non può dirsi socialista se non forzando la Storia, *perché non esiste al mondo un partito socialista alleato con la destra* (Ottaviano Del Turco)[10].

Un'ultima notazione: ci rendiamo perfettamente conto che il ventennio preso in esame (1994-2015) oscilla tra cronaca e storia, facendo correre il rischio all'autore di essere accusato di parzialità, data la vicinanza temporale degli avvenimenti narrati.

Ebbene, la mia opinione l'ho detta in queste note introduttive. Ma posso assicurare i lettori che ho fatto il massimo sforzo possibile per consegnare loro un'esposizione per quanto possibile obiettiva dei fatti narrati.

Se ci sono riuscito o meno, spetta a loro dirlo.

F. L.

---

10 *Un socialista degno di questo nome può stare male a sinistra; non è più un socialista se sta, più o meno bene, a destra* (Turi Lombardo, aprile 2006).

La crisi

In politica ci sono sempre due categorie di persone:
quelli che la fanno e quelli che ne approfittano.
(Pietro Nenni)

Il Partito Socialista Italiano e il Partito Socialista Democratico Italiano

Commemorando Giuseppe Saragat, fondatore e leader della socialdemocrazia italiana, deceduto l'11 giugno 1988, Antonio Cariglia[11], segretario del PSDI, pronunciò queste parole: *La tua partenza senza ritorno lascia intatta la tua presenza nella storia, non solo del nostro Paese.*

Effettivamente, a detta della grande maggioranza degli osservatori politici[12], la visione che del socialismo aveva

---

11   Antonio Cariglia (1924–2010), ex ufficiale partigiano ed ex sindacalista della UIL, più volte parlamentare e membro della Direzione del PSDI, ne fu eletto segretario nazionale il 9-3-1988.

12   Qualche osservazione comunque sull'opportunità della scissione sarà fatta. Ad esempio, è stato detto che, se egli avesse avuto pazienza, qualche anno dopo, sommando la sua forza congressuale a quella di Ivan Matteo Lombardo e a quella di Giuseppe Romita, protagonisti di altre due scissioni a

avuto il presidente emerito della Repubblica era quella che poi si era storicamente affermata in tutta la sinistra italiana e particolarmente nel PSI, che egli aveva clamorosamente lasciato nel 1947, con la famosa *scissione di Palazzo Barberini*, il quale PSI da tempo, soprattutto con la gestione craxiana, si era stabilmente e saldamente collocato nello schieramento socialdemocratico europeo, fino al punto di mettere in discussione la utilità di due partiti socialdemocratici in Italia. E addirittura di provocare, all'interno del PSDI, un inesauribile e acceso dibattito tra quelli che predicavano la necessità dell'unificazione di tutti i socialdemocratici nella casa madre del PSI e quelli che invece rimanevano attaccati all'autonomia del partito e alla sua sigla.

La tensione fra fusionisti e autonomisti toccò il suo punto più alto quando i primi, sulla base di un

---

„destra", egli avrebbe probabilmente conquistato l'intero PSI, che avrebbe conservato la sua presa elettorale senza essere costretto ad alleanze in cui avrebbe avuto un ruolo subordinato. A proposito di ciò si cita il lungo elenco di coloro che, pur essendo stati tra i protagonisti della scissione socialdemocratica, ne diedero un'interpretazione diversa da quella prevalente di Saragat, tanto che negli anni successivi rientrarono nel PSI: Aniasi, Arfé, Bonfantini, Calamandrei, Caleffi, Codignola, Dagnino, Faravelli, Greppi, Landolfi, Lucchi, Pellicani, Schiano, Vassalli, Viglianesi, Vigorelli, Vittorelli, Zagari.

documento che si richiamava a Turati, Treves, Modigliani e Saragat, decisero, nel corso di un convegno tenuto il 15-2 1989, di costituirsi in movimento autonomo, che prese il nome di U.D.S. (Unione dei Democratici e dei Socialisti) e che si assunse lo scopo di operare a sostegno dell'unione di tutti i socialisti. Vi aderirono cinque deputati (Pier Luigi Romita, Giuseppe Cerutti, Graziano Ciocia, Giovanni Manzolini, Renato Massari) ed alcune altre personalità[13]. Segretario fu designato Pier Luigi Romita[14], che l'11-10-1989 guiderà il movimento alla confluenza nel PSI.

Comunque il PSDI, ormai interamente autonomista, seppur favorevole ad una collaborazione col PSI, ancora al suo XXII congresso tenuto a Rimini dall'8 al 12 marzo 1989, poteva contare su una consistente presenza nel Paese: 133.000 iscritti, 5.000 consiglieri nei piccoli comuni, 162 nei capoluoghi,, 160 sindaci, , centinaia di assessori, 28 consiglieri regionali, 12

---

13   In particolare l'ex segretario del PSDI Pietro Longo e lo storico Giuseppe Averardi, autore, fra l'altro, del libro *I Socialisti Democratici* (1972).

14   Pier Luigi Romita (1924-2003), figlio di Giuseppe Romita, ex partigiano, docente universitario di Idraulica, era stato segretario del PSDI dal 1976 al 1978. Più volte deputato e ministro, dopo lo scioglimento del PSI aderì al SI e, nel 1997, al PDS.

deputati, 5 senatori, 1 europarlamentare, 2 ministri e 3 sottosegretari. Cariglia fu riconfermato segretario[15]. In seguito (10.2.1992), in occasione dell'Assemblea Nazionale di Rimini, volendo accentuare, anche esteriormente, l'ormai generale orientamento autonomistico del partito, si decise di sostituire la scritta „socialismo" che sovrastava il sole nascente con la parola „socialdemocrazia".

Le cose andavano assai meglio nel PSI, da anni unito attorno alla prorompente personalità del suo segretario Craxi[16]. Il massimo splendore di quell'epoca fu raggiunto al tempo del XLV congresso del partito, svoltosi a Milano dal 13 al 19 maggio 1989 con la partecipazione di 1158 delegati, in rappresentanza di oltre 630.000 iscritti. La sua presenza nelle istituzioni

---

15 Vicesegretario unico divenne Carlo Vizzini e presidente del Consiglio Nazionale Luigi Preti.

16 Bettino Craxi (1934-2000), già vicesegretario del PSI con Giacomo Mancini e Francesco De Martino, succeduto a Nenni nella leadership della corrente autonomista, era stato eletto segretario del partito il 15-7-1976 e più volte riconfermato.

era imponente: 7 ministri,18 sottosegretari, 94 deputati, 48 senatori, 9 eurodeputati, 377 sindaci nei comuni con oltre 5.000 abitanti, 2505 assessori, 405 consiglieri provinciali, 35 presidenti di provincia, 127 consiglieri regionali, 4 presidenti di regione.

Anche il PSI, mutata la sua politica in senso marcatamente autonomista ed anche anticomunista, aveva cambiato il suo vecchio simbolo, costituito dal sole nascente, sulla cui semisfera erano chiusi la falce e il martello, che si richiamavano alla Repubblica dei Soviet e il libro[17]. Nel corso del XLI congresso (Torino, 30 marzo/2 aprile 1978), su proposta di Craxi, fu adottato un nuovo simbolo, in cui campeggiava un grande garofano rosso, che sovrastava falce, martello e libro, rimpiccioliti e collocati in basso. Il garofano era

---

17   Il sole rappresentava il futuro radioso del socialismo: *il socialismo è il sole dell'avvenire,* aveva affermato Giuseppe Garibaldi. In occasione delle elezioni del 16 -11-1919 apparvero la falce e il martello (i contadini e gli operai) a cui nel 1921 fu aggiunto il libro, simbolo della cultura laica e razionale.

un omaggio alla *rivoluzione dei garofani* portoghese[18]. Nel 1985 rimase il solo garofano. Nel 1990, infine,

si ebbe un rilancio dell'unità socialista, volta a superare le storiche scissioni comunista (1921) e socialdemocratica (1947). A dare visibilità a questa nuova impostazione, la Direzione del PSI modificò (5-3-1990) nuovamente il simbolo, in cui il garofano non era più sovrastato dalla scritta „Partito Socialista", ma dalle parole augurali „Unità Socialista"[19].

---

18 Il Portogallo, dominato da una dittatura fascistoide fin dal 1926, nel 1974 ritornò alla democrazia, grazie ad un colpo di Stato sostanzialmente incruento messo in atto dai militari dell'ala progressista dell'esercito. I militari, a cui, in una piazza di Lisbona erano stati donati dei garofani, misero quei fiori nelle canne dei fucili, come segno della rivoluzione trionfante, detta poi appunto *dei garofani*.

19 Craxi aveva innovato il PSI anche dal punto di vista ideologico: con un articolo su *L'Espresso* dell'agosto 1978, intitolato *Il Vangelo Socialista*, aveva praticamente lasciato il marxismo ed imboccato un percorso che andava da Proudhon a Carlo Rosselli.

L'iniziativa, per la verità, non fu ben accolta né dagli uni né dagli altri scissionisti, che anzi vi videro un tentativo di annessione. Di conseguenza i socialdemocratici divennero ancora più gelosi della loro indipendenza, pur dicendosi interessati ad un'azione comune coi fratelli separati del PSI. I comunisti italiani, alle prese con le crisi inarrestabili dei regimi dell'Europa dell'Est, in occasione del loro XX congresso tenuto a Rimini, deliberarono, il 3 febbraio 1991, il proprio scioglimento e la costituzione di un nuovo partito,che assunse la denominazione di PDS (Partito Democratico della Sinistra)[20], abbandonando con grande disinvoltura, ogni riferimento al socialismo, di cui a Livorno, nel 1921, si erano proclamati i più genuini interpreti[21].

---

20 La deliberazione fu adottata con 807 voti a favore, 75 contrari e 49 astenuti. La minoranza, successivamente, inglobando anche Democrazia Proletaria e altri gruppetti comunisti, costituì il Partito della Rifondazione Comunista.

21 A proposito di questa scelta dei comunisti, che allora aspiravano ad entrare nell'Internazionale Socialista, Bettino Craxi così aveva commentato: *si sentono socialisti, ma con la*

Ma qualche segnale negativo cominciava a vedersi anche in un'opinione pubblica ormai stanca dello straripante partitismo che aveva invaso la cosa pubblica. Di ciò di ebbe la palpabile sensazione in occasione del referendum per abrogare la preferenza plurima (10-11 giugno 1991), promosso da Mario Segni ed altri. In quell'occasione la Direzione del PSI si dichiarò contraria all'abrogazione, invitando l'elettorato a disertare le urne. Lo stesso Craxi invitò gli elettori ad „andare al mare" la domenica. Gli elettori invece si recarono a votare (62,5 %) e a larga maggioranza (95,6 %) approvarono la riforma. Questo campanello d'allarme scosse un pò la monolitica gestione craxiana del PSI, in cui emersero le prime critiche alla strategia del leader[22]. A poco a poco si risvegliò la dialettica interna, si riformò un'ala sinistra ed emersero temi nuovi, ma molto sentiti dall'opinione pubblica, quali la questione morale, la ripulsa contro l'arroganza del rampantismo partitico e il conformismo adulatorio ormai imperante nel PSI, mentre alla periferia del partito imperversavano indisturbati i cosiddetti *ras* delle federazioni, mentre man mano lasciavano il partito esponenti di grande prestigio[23]. Il PSI non seppe cogliere le istanze di rinnovamento che salivano dai cittadini e rimase

_____

vergogna di chiamarsi socialisti (in M. Pini, cit., pag. 413).

22 Claudio Signorile, Giacomo Mancini.

ancorato al C.A.F., come fu detto l'asse politico Craxi-Andreotti-Forlani.

Dimissioni

Alle elezioni politiche dell'aprile 1992 i risultati non furono esaltanti per i due partiti socialisti, ma neppure deprimenti: il PSI perse due deputati, ma guadagnò due senatori; il PSDI guadagnò 4 deputati, rispetto ai 12 rimasti dopo la scissione dell'UDS e perse due senatori.

Intanto dilagava, nello stesso anno 1992, lo scandalo detto *Tangentopoli*, sollevato dall'inchiesta della magistratura denominata *Mani Pulite*, che coinvolse molti esponenti politici, anche socialisti.

Mentre cominciava a scricchiolare il monolitismo del PSI, in seguito alle vicende giudiziarie, ampiamente divulgate dalla stampa e dalla televisione e si sollevavano nel suo interno le prime voci critiche, una

---

23   Gaetano Arfé (1925-2007), grande storico socialista ed ex direttore dell'*Avanti!* lasciò il partito nel 1986; Tristano Codignola, ex deputato ed ex senatore, già vicesegretario del partito, fu espulso nel 1981; Alberto Jacometti, ex segretario nazionale, nobile figura di antifascista, abbandonò il partito nel 1984; Antonio Giolitti (1915-2010), ex partigiano ed ex ministro, lasciò il partito nel 1985; Elio Veltri (n. 1938), ex sindaco di Pavia, fu espulso, assieme a Codignola e a Franco Bassanini (n. 1940), nel 1981.

piccola rivoluzione avvenne nel PSDI: Cariglia dovette cedere la segreteria del partito a Carlo Vizzini[24], diventando presidente del partito al posto di Luigi Preti, nominato presidente onorario (7-5-1992). Alla linea tenacemente autonomistica di Cariglia si sostituì quella più aperta di Vizzini, fautore di un rinnovamento del partito e della costruzione di uno schieramento di sinistra e progressista con PSI e PDS, da contrapporre a quello conservatore. Vizzini però avrebbe dovuto fronteggiare un deficit finanziario interno destinato a dilatarsi.

L'indebitamento era grave anche nel PSI, all'interno del quale prendeva corpo un'opposizione che invocava un cambio di leadership, al punto di spingere Craxi a parlare di un presunto *gioco al massacro*. Il dissenso trovò una guida nel ministro della Giustizia Claudio Martelli[25] che auspicava, al posto della vecchia formula del *pentapartito* (DC-PSI-PSDI-PRI-PLI) la costituzione

---

24   Carlo Vizzini (n. 1947) è docente universitario di Storia delle dottrine economiche. Parlamentare dal 1976, più volte sottosegretario e ministro, nel 1992 aveva partecipato, assieme a Bettino Craxi (PSI) e ad Achille Occhetto (PDS) alla fondazione del PSE (Partito del Socialismo Europeo).

25   Claudio Martelli (n. 1943) aveva aderito al PSI-PSDI Unificati nel 1966. Eletto deputato nel 1979 era stato vicesegretario di Craxi dal 1981. Nel 1989 era entrato nel governo Andreotti come Vicepresidente del Consiglio e nel 1991 era diventato anche ministro della Giustizia.

di una schieramento progressista che prefigurasse una possibile alternativa politica, e si schierava a favore di un sistema elettorale uninominale, mentre la maggioranza craxiana[26] rimaneva ancorata a quello della proporzionale con sbarramento.

L'ondata di avvisi di garanzia che intanto si abbatteva su molti esponenti del partito che era stato di Nenni e di Pertini, compreso lo stesso segretario, rese non più rinviabili le dimissioni di Craxi, che infatti le presentò all'Assemblea nazionale del PSI dell' 11-2-1993.

Durante la sua segreteria aveva portato un socialista (Pertini) alla Presidenza della Repubblica e un altro (se stesso) a quella del Consiglio, con buoni risultati; aveva sostenuto le lotte dei socialisti perseguitati dalle dittature di Spagna, Portogallo, Grecia e Cile, aveva ridato orgoglio agli iscritti. Ma molti militanti, delusi dalla vita interna del partito, sempre più asfittica, da

---

26   La conta si ebbe nell'Assemblea Nazionale del 26-11-1992, in cui prevalse Craxi (sostenuto dal vicesegretario Gianni De Michelis) col 63 %, , mentre alla corrente di minoranza *Rinnovamento Socialista*, da poco formata dai martelliani e dalla „sinistra", che chiedeva la convocazione del congresso, le dimissioni dell'intera dirigenza e l'azzeramento del tesseramento, andò il 32,5 %; un gruppo, guidato da Valdo Spini, Enzo Mattina e Gino Giugni ottenne il 4%. Finiva così l'unanimismo craxiano. Poco prima della riunione aveva lasciato il PSI il lombardiano Nerio Nesi (n.1925), che nel 1995 aderirà a Rifondazione Comunista.

un tesseramento sempre più clientelare, dai cosiddetti *congressi a tavolino*, dall'insistente anticomunismo, divenuto virulento proprio quando il comunismo si spegneva malinconicamente, sommerso dai suoi stessi errori, avevano lasciato il partito o si erano messi da parte, mentre si registrava l'arrivo di famelici elementi della borghesia rampante, attratti dalla *rendita di posizione* che il PSI aveva nello schieramento politico, alla caccia di consistenti quote di potere, operando così la cosiddetta *mutazione genetica* della base. Quando la costruzione comincerà a traballare, la vecchia base non ci sarà quasi più, mentre quella nuova cercherà rifugio sotto le insegne che istintivamente sentiva come sue: quelle del centro-destra.

Bisognava comunque scegliere un successore e la corrente craxiana lo individuò in Giorgio Benvenuto[27], che fu eletto a larga maggioranza[28], mentre Martelli,

---

27 Giorgio Benvenuto (n. 1937) era entrato nella UIL nel 1955 e nel PSDI nel 1956 ed aveva aderito poi al PSI-PSDI Unificati. Dopo la nuova scissione socialdemocratica del 1969 era rimasto nel PSI.

Segretario dei metalmeccanici UIL dal 1969, nel 1976 era stato eletto Segretario Generale della UIL, incarico lasciato nel 1992, quando era stato nominato Segretario generale del Ministero dell'economia e delle finanze.

28 L'elezione avvenne all'Assemblea Nazionale del 12-2 1993. Benvenuto, sostenuto dall'intera corrente craxiana, dal

raggiunto da un avviso di garanzia, si dimise dal governo e dal partito.

Se l'ex maggioranza craxiana aveva creduto di poter pilotare il nuovo segretario era certamente caduta in un grosso errore, perché Benvenuto dimostrò di non essere il fedele esecutore di ordini altrui, come qualcuno aveva forse immaginato.

Si capì subito, invece, che egli intendeva adottare il celebre appello di Nenni: *Rinnovarsi o perire!* Dichiarò di volersi battere per risolvere gli squilibri sociali, respinse la teoria secondo cui certi settori della magistratura si proponevano di scardinare il sistema politico italiano, si schierò di conseguenza a favore del principio della separazione dei poteri, si pronunciò per un sistema elettorale di tipo maggioritario in cui si potesse realizzare l'alternanza fra progressisti e conservatori, si schierò contro l'opportunismo, il clientelismo, la corruzione, si dichiarò a favore di uno spostamento a sinistra dell'asse politico italiano. Fece approvare dall'Assemblea Nazionale del 15-3-1993 un ordine del giorno che escludeva dagli organismi di

---

Presidente del Consiglio Giuliano Amato, da Signorile e dalla UIL ottenne il 58 % dei voti, mentre il restante 42 % andò al suo antagonista Valdo Spini, sostenuto dagli ex martelliani, da parte della „sinistra" (Michele Achilli, Giorgio Ruffolo, Roberto Villetti), da Gino Giugni e da molti sindacalisti della CGIL e della CISL.

partito i personaggi rinviati a giudizio[29]. Ma ben presto cominciò a capire che avrebbe avuto la vita dura insistendo in questi propositi.

Come l'aveva già dura un altro rinnovatore, il segretario del PSDI Vizzini, costretto a deporre le armi di fronte alla montagna di debiti – pare 20 miliardi di lire – che incombeva sul partito, per non parlare dell'affitto della sede, delle bollette del telefono, degli stipendi dei funzionari centrali. Il 29-3-1993 dunque si dimise e il „parlamentino" del PSDI elesse al suo posto (30-4-1993) il capogruppo alla Camera Enrico Ferri[30].

Neanche per Benvenuto la vita fu facile durante i suoi 100 giorni da segretario[31]. Era riuscito ad ottenere l'azzeramento degli iscritti, per colpire i cosiddetti *signori delle tessere*, ma il nuovo tesseramento non fu

---

29   In quell'occasione fu eletto presidente del PSI Gino Giugni (1927-2009), docente universitario di Diritto del lavoro, ritenuto „padre" dello *Statuto dei lavoratori* (1970). L'Assemblea nazionale elesse poi una Direzione di 110 membri (fra cui Craxi). Il 18-3- 1993 fu eletto un Esecutivo di 37 membri. L'amministrazione fu affidata a Maria Magnani Noya.

30   Enrico Ferri (n. 1942) era stato magistrato e Ministro dei LL.PP. Nel 1989 era stato eletto parlamentare europeo e nel 1992 deputato nazionale per il PSDI.

31   Le vicende connesse alla sua segreteria sono raccontate nel libro di Giorgio Benvenuto *Via del Corso*, Sperling & Kupfer Editori, 1993.

mai realizzato; inserì il partito nella sua area naturale, quella progressista, nelle nuove amministrazioni locali, ma per questo entrò in conflitto con la maggioranza che lo aveva eletto, di tutt'altro orientamento; chiese ed ottenne che dagli organi dirigenti e dagli incarichi istituzionali fossero esclusi anche gli inquisiti, e non più i soli rinviati a giudizio. Ma non poté evitare l'ostilità dei gruppi parlamentari a maggioranza craxiana, insofferenti della scelta di inserire il PSI nel polo progressista. Lo scontro avvenne sulla nuova legge elettorale: mentre Benvenuto sosteneva un sistema elettorale uninominale a doppio turno alla francese, i gruppi parlamentari si schierarono per il turno unico, delegittimando così il segretario del partito. Il generoso tentativo di Benvenuto si infranse sul fatto che, se il rinnovamento doveva passare per la rimozione del vecchio gruppo dirigente, apparve subito evidente che quest'ultimo non aveva la minima intenzione di farsi da parte.

Le dimissioni di Benvenuto, presentate il 20 maggio 1993, lasciarono spazio alla maggioranza craxiana, che riuscì a trovare un successore di Benvenuto nell'ex Segretario Generale aggiunto della CGIL Ottaviano Del Turco (n. 1944) e a convincere il presidente Giugni a restare al suo posto.

Il 21 maggio, giorno successivo alle sue dimissioni, Benvenuto annunciò la costituzione di un Comitato di Iniziativa per la Rinascita Socialista.

Il 28 successivo l'Assemblea Nazionale del PSI elesse Del Turco nuovo segretario del partito[32]. L'indomani Giorgio Benvenuto, in un'affollatissima assemblea di quadri socialisti, annunciò la costituzione di un movimento politico, Rinascita Socialista, per il momento interno al PSI[33].

La nuova segreteria costituì un'ulteriore delusione per la maggioranza che l'aveva eletta, in quanto ben presto Del Turco si schierò per un deciso rinnovamento del partito e dei suoi quadri dirigenti e si pronunciò per un inserimento del PSI nell'area progressista che si andava formando, in vista dei prossimi appuntamenti

---

32   Del Turco fu eletto con 292 voti a favore, provenienti soprattutto dai craxiani e dalla parte della sinistra che seguiva Signorile, e 28 schede bianche.

33   *Se vogliamo far sopravvivere la tradizione socialista è necessario formulare una proposta che permetta a questa tradizione di essere presente nelle alleanze che si vanno formando. Il rischio è che il nuovo che avanza spazzi via i valori socialisti* (Benvenuto, 19-7-1993). Alla fine del 1993 Benvenuto lasciò il movimento, preferendo aderire ad Alleanza Democratica. Da allora la leadership passò al suo vice Enzo Mattina , parlamentare europeo, anch'egli sindacalista della UIL. Rinascita Socialista sarà uno degli otto soggetti politici fondatori dell'*Alleanza dei Progressisti* (1-2-1994) in vista delle elezioni politiche del 1994.

elettorali. Ma la situazione era ormai pregiudicata all'interno del PSI, in preda ai più svariati malumori.

Il senatore Giorgio Ruffolo e il sindacalista della CGIL Giuliano Cazzola lasciarono il PSI, guardando piuttosto al progetto di AD (Alleanza Democratica)[34]. Lasciò anche l'ex Segretario Generale della FIOM-CGIL Fausto Vigevani (1939-2003), che fondò l'Associazione *Labour*.

Il 19 luglio un'assemblea di quadri di Rinascita Socialista sancì l'uscita dal PSI, anche se alcuni suoi esponenti preferirono restare nel partito[35]:

Se vogliamo far sopravvivere la tradizione socialista è necessario formulare una proposta che permetta a questa tradizione di essere presente nelle alleanze che si vanno formando. Il rischio è che il nuovo che avanza spazzi via i valori socialisti.

---

34 AD era un movimento politico in formazione, conclusosi il 15-7-1993. Esso si proponeva di rispondere alla voglia di cambiamento del Paese scosso da *Tangentopoli*, dando vita ad un'ampia coalizione di centro-sinistra alternativa al centro-destra. Dopo le elezioni del 1996 molti suoi dirigenti scelsero altre strade e AD, il 1° marzo 1997, aderì all'Unione Democratica di Antonio Maccanico.

35 Enrico Manca, Mauro Del Bue.

Le elezioni amministrative di novembre, come quelle precedenti di giugno, furono un disastro sia per il PSDI, praticamente cancellato dalla scena politica, che per il PSI, regolatosi caso per caso in fatto di alleanze. Quando il segretario Del Turco decise di appoggiare i candidati progressisti ai ballottaggi per l'elezione dei sindaci, i craxiani gli lanciarono l'accusa di voler svendere il partito al PDS. Intanto chiudeva, oberato dai debiti, il glorioso quotidiano socialista *Avanti!*

La resa dei conti definitiva avvenne all'Assemblea Nazionale del 16 dicembre 1993. Del Turco optò decisamente per una collocazione a sinistra del PSI, fatto del tutto naturale per un partito socialista e chiese poteri straordinari per guidare la fase di transizione verso il rinnovamento del PSI. Del tutto contrari furono Craxi e i suoi fedelissimi, per cui si arrivò alla conta, che segnò la sconfitta definitiva di Craxi e dei suoi[36] e la disgregazione della maggioranza che aveva eletto prima Benvenuto e poi Del Turco.

---

36 La mozione di Del Turco prevalse con 156 voti, mentre quella craxiana di Piro ne ottenne 116 e Signorile 6.

Lasciò il partito anche l'ex segretario della CISL Pierre Carniti (n. 1936) per fondare il movimento dei Cristiano Sociali[37]. Un segno visibile di rottura e di cambiamento fu la sostituzione, nel simbolo, del garofano di Craxi con la Rosa di Del Turco.

Scioglimento

La reazione dei craxiani più ferventi, ormai a disagio nel PSI di Del Turco, non si fece attendere: il 28 gennaio 1994 uscirono dal partito e fondarono la FSDL (Federazione dei Socialisti Democratici e Liberali)

---

37   I Cristiano Sociali saranno tra i fondatori dei Democratici di Sinistra, poi (2007) confluiti nel Partito Democratico.

Franco Piro[38], Margherita Boniver[39], Maurizio Sacconi[40] e Ugo Intini[41], il quale, qualche mese dopo, divenne il coordinatore dei "Liberal Socialisti". Il dissenso verteva su diversi punti: l'Assemblea Nazionale del 16 dicembre 1993, ritenuta non valida per mancanza del numero legale, la sostituzione del Garofano con la Rosa, la proposta di aderire al polo progressista e quindi di allearsi col PDS, e infine la convocazione di una riunione non previsto dallo Statuto, gli "Stati generali per la Costituente Socialista", che invece si tennero il 29 gennaio con la partecipazione di oltre ottomila socialisti, alla presenza del presidente dell'Internazionale Socialista Pierre Mauroy[42].

---

38 Franco Piro (n. 1948) , docente universitario e più volte parlamentare del PSI, fu tra i fondatori della FSDL. Aderirà poi al PS e al Nuovo PSI e quindi (2006) a „I Socialisti" di Bobo Craxi.

39 Margherita Boniver (n. 1938), già presidente di Amnesty International (1973-1980), era stata senatrice, deputata ed europarlamentare del PSI, nonché ministro nei governi Andreotti VII e Amato.

40 Maurizio Sacconi (n. 1950), esponente del gruppo De Michelis era deputato del PSI dal 1979 ed era stato sottosegretario dal 1987 al 1994.

41 Ugo Intini (n. 1941), politico, scrittore e giornalista, era stato il portavoce di Craxi Primo Ministro, nonché deputato del PSI dal 1983 al 1994.

All'approssimarsi delle elezioni politiche,fissate per il 27 e 28 marzo 1994, si andarono organizzando gli schieramenti, in ciò sollecitati dalla nuova legge elettorale maggioritaria, tranne per una quota di seggi riservata al proporzionale.

La coalizione di centro-sinistra, detta "Alleanza dei Progressisti"[43], alla quale aderì il PSI. si costituì il 1° febbraio 1994. Ad essa si contrapponevano la coalizione di centro-destra guidata da Silvio Berlusconi ("Polo delle libertà" e "Polo del Buon Governo") e quella di centro di Martinazzoli e Segni ("Patto per l'Italia"). A quest'ultima aderì il "Patto dei Riformisti" costituito

---

42 Pierre Mauroy (1928-2013) a 16 anni aveva aderito alla SFIO (Sezione Francese dell'Internazionale Operaia), poi divenuta (1969) PS (Partito Socialista). Era stato Segretario Nazionale della Gioventù Socialista, deputato per 5 legislature, poi senatore, nonché Primo Ministro di Francia dal 1981 al 1984, sindaco di Lilla dal 1973. Nel 1988 era stato eletto segretario del PS, carica che aveva lasciato nel 1992, quando era stato chiamato alla presidenza dell'Internazionale.

43 Essa era composta da PDS, PRC, PSI, La Rete, AD, Cristiano Sociali, Federazione dei Verdi e Rinascita Socialista. A sostegno della lista socialista si schierarono Giuliana Nenni e Carla Voltolina Pertini. Per i progressisti si schierò anche qualche socialdemocratico come la farmacista Magda Cornacchione Milella (n. 1945), che fu eletta in Basilicata.

dai socialisti Gennaro Acquaviva[44] e Luigi Covatta[45] e il socialdemocratico Gian Franco Schietroma. Il PSDI come tale, ormai agonizzante, aveva deciso di non presentare liste proprie, sicché alcuni suoi esponenti si candidarono sotto diverse insegne. Il gruppo forse più consistente, ruotante attorno al Segretario Ferri si alleò con i craxiani della FSDL, assieme ai quali presentò la lista "Socialdemocratici per le libertà"[46].

Com'è noto le elezioni furono vinte dalla coalizione di centro-destra. Il PSI, nella quota proporzionale ottenne appena il 2,19 % e nessun seggio. Grazie alle candidature nei collegi uninominali del Polo

---

44 Gennaro Acquaviva (n. 1935), già esponente delle ACLI, aveva partecipato alla fondazione del MPL (Movimento Politico dei Lavoratori), che nel 1972 confluì nel PSI. Nel 1975 divenne capo della segreteria di Craxi e dal 1983 al 1987 consigliere dello stesso. Era stato più volte senatore. Nel 1994 non si candidò.

45 Luigi Covatta (n. 1943), cattolico di sinistra, aveva aderito al MPL e quindi al PSI. Era deputato dal 1979 ed era stato più volte sottosegretario. Candidatosi nel 1994, non fu eletto.

46 La lista si presentò in alcuni collegi uninominali. Nella quota proporzionale della Camere ottenne lo 0,46 e nessun seggio.

Progressista elesse 14 deputati e 12 senatori[47]. Cancellati tutti gli altri, presentatisi in altre liste.

Poco tempo dopo, il 12 giugno 1994 si tennero le elezioni per il Parlamento europeo, cui si applicava il sistema proporzionale. Il PSI decise di presentarsi assieme ad AD, che alle politiche di due mesi, nella quota proporzionale aveva raggiunto l'1,18 %. Insieme raggiunsero appena l'1,82 %, con un'ulteriore perdita secca rispetto al al 4,01 % ottenuto complessivamente dai due partiti alle politiche[48]. Giorgio Ruffolo e Pierre Carniti furono eletti nelle liste del PDS.

Il PSDI, che si era ripresentato col suo simbolo, riuscì a fare eleggere, con lo 0,7 %, il suo segretario Enrico Ferri. L'insuccesso della lista PSI-AD provocò un piccolo terremoto politico: il segretario del PSI Del Turco e il coordinatore di AD, Willer Bordon, si dimisero dalle rispettive cariche. Il Comitato Direttivo del PSI, il 21-6-1994, nominò allora Valdo Spini[49]

---

47 Nel 1992 aveva ottenuto 92 deputati e 49 senatori. Al Gruppo Socialista aderirono anche la socialdemocratica Magda Cornacchione ed Enzo mattina di Rinascita Socialista.

48 Furono eletti i socialisti Elena Marinucci e Riccardo Nencini.

49 Valdo Spini (n. 1946), professore universitario, era stato presidente dell'UGI e nel 1962 aveva aderito al PSI. Era deputato del PSI dal 1979. Entrato nella Direzione Nazionale nel 1980, divenne vicesegretario (segretario Craxi) dal1981 al 1984 (assieme a Claudio Martelli).Era anche stato

Coordinatore Nazionale (vicesegretario rimase Enrico Boselli[50]) col mandato di preparare una *Costituente laburista*, per la fondazione di un nuovo soggetto politico che, all'interno dello schieramento progressista, costituisse una seconda gamba, accanto a quella del PDS[51]. Fu di conseguenza varato (26-7-1994), in un apposito convegno, un „Comitato promotore della Costituente laburista", presieduto dallo stesso Spini[52]. La Costituente venne fissata per i giorni dal 4 al 6 novembre 1994. Ma Giugni (presidente del PSI), Del Turco, che ancora conservava la rappresentanza legale e statutaria del PSI, e Boselli (vicesegretario in carica)

---

sottosegretario nei governi Amato e Ciampi e antagonista di Benvenuto per la carica di segretario, dopo le dimissioni di Craxi, ottenendo il 42 % dei voti dell'Assemblea Nazionale.

50 Enrico Boselli (n. 1957), iscrittosi giovanissimo al PSI, nel 1979 era diventato segretario nazionale della Federazione Giovanile Socialista. Nel 1980 e nel 1985 era stato eletto consigliere comunale di Bologna,di cui era divenuto vicesindaco nel 1987. Dal 1990 al 1993 era stato Presidente della regione Emilia-Romagna. Nel 1993 era entrato nella Direzione del partito (segretario Benvenuto), diventando poi vicesegretario (segretario del Turco).

51 La decisione fu adottata dal Comitato Direttivo del PSI il 22-7–1994, con i voti contrari di Babbini, Cicchitto, Del Bue e Manca.

52 Ne facevano parte Gaetano Arfé, Luciano Cavalli, Umberto De Martino, Vittorio Emiliani, Guido Martinotti, Anna Maria Petrioli e Alessandro Roncagli.

obiettarono che prima bisognava tenere il congresso di scioglimento del PSI. Spini, convinto del contrario, si dimise (20-9-1994) da coordinatore del PSI e proseguì nella sua linea. Infatti la Costituente si tenne nei giorni stabiliti e fu fondata la Federazione Laburista, di cui Spini divenne Presidente[53].

L'indomani Del Turco si dichiarò disponibile a guidare il PSI fino al congresso.

Esso, il XLVII ed ultimo del PSI, si tenne a Roma, al *Palacongressi* dell'Eur, l'11 e il 12 novembre 1994, alla presenza di 596 delegati, in rappresentanza di 47.789 iscritti..

---

53 La Federazione Laburista partiva con 18.000 iscritti. Vi aderirono 9 deputati del PSI su 14, cui si aggiunsero Magda Cornacchione (PSDI) ed Enzo Mattina (RS) e 7 senatori su 10 (compreso Francesco Barra di RS) del PSI. Nel gennaio 1995 vi confluì Rinascita Socialista diretta da Enzo Mattina. Il simbolo sarà ufficialmente presentato il 15-2-1995. Il 1° congresso della FL si tenne a Roma dal 30 giugno al 2 luglio 1995 col titolo *Un nuovo inizio*.

Nel corso dell'animato dibattito, si fronteggiarono due posizioni: quella della mozione di maggioranza (Giugni-Del Turco-Boselli) che proponeva lo scioglimento del partito, respingeva la confluenza nel PDS e si pronunciava per la creazione di una *nuova formazione politica dei socialisti italiani*, che aggregasse tutta l'area riformista, costituita da tutti coloro – socialisti, cattolici sociali, liberaldemocratici e ambientalisti – che erano sensibili ai valori della solidarietà. Inoltre, nel nuovo partito, fu detto, *non potranno trovare posto coloro che hanno ancora da regolare i conti con la giustizia, non potranno essere iscritti coloro che simpatizzano con il centro-destra.*

La minoranza (Cicchitto, Babbini, Manca, Tempestini) presentò un documento alternativo, poiché non condivideva il disegno politico di Del Turco, fautore di un'alleanza con Segni e AD, giudicata *nebulosa e del tutto inconsistente*, e propendeva per un'equidistanza dai poli; inoltre riteneva Del Turco *subalterno al PDS.* Infine, sosteneva, *l'attuale gruppo dirigente socialista non ha l'autorità politica e morale di porre all'ordine del giorno lo scioglimento del partito.*

Il congresso dovette comunque prendere atto della grave crisi politica e dell'insostenibile situazione economica del partito, ormai praticamente privo di finanziamenti.

La mozione della segreteria uscente ottenne il 62,26 % dei voti; la pattuglia craxiana, contraria allo scioglimento, forte dell'11,9 % non partecipò al voto; 20 furono i voti contrari, 9 gli astenuti, per lo più di mozioni locali.

Fu dunque inevitabile deliberare lo scioglimento e la messa in liquidazione del PSI, i cui nomi e simboli furono assegnati alla nuova formazione che l'avrebbe sostituito[54].

Così finiva, dopo un secolo di storia, malinconicamente, fra contestazioni e divisioni, quella che era stata un gloriosa formazione, che però poteva, a buon diritto, vantarsi di aver conseguito il riscatto dei lavoratori dalla loro condizione di subalternità.

---

54 Commissario liquidatore fu nominato dal congresso (12-11-1994) il socialista Michele Zoppo (1945-2006), cui era assegnato il compito di definire tutti i rapporti economici. Si affidava allo stesso il patrimonio ideale e storico del PSI (simbolo, denominazione, testate giornalistiche) col preciso obbligo di difenderlo *da ogni eventuale uso illegale, deciderne l'uso e la sorte a suo insindacabile giudizio per garantire la salvaguardia delle tradizioni storiche del PSI*. Zoppo cedette i simboli e i marchi originali del PSI ai Socialisti Italiani, poi (1998) SDI, quindi PS/PSI (2007/2009), confortato anche dalla costante appartenenza di quelle formazioni all'Internazionale Socialista e al PSE. Il 5-11-2011 il nuovo liquidatore Francesco Spitoni cederà, a titolo gratuito, il marchio *Avanti!* al PSI di Nencini, nella persona del tesoriere Oreste Pastorelli.

A destra e a sinistra

Tra la destra e la sinistra c'è un abisso incolmabile,
perché la destra vi dirà sempre che è pronta ad
aiutare chi resta indietro – e lo scrive sui manifesti - ,
la sinistra, invece, non chiede aiuto per loro, ma li fa
camminare   con   le   proprie   gambe.
(Pietro Nenni)

La diaspora

Il giorno successivo allo scioglimento, cioè il 13 novembre 1994, dal vecchio tronco del PSI sorsero due nuove formazioni politiche: i „Socialisti Italiani“[55] e il „Partito Socialista Riformista“.

I primi, con segretario il 37enne Enrico Boselli (affiancato, come vicesegretario, da Roberto Villetti[56]) e

---

55 Vi aderirono cinque deputati: Giuseppe Albertini, Enrico Boselli, Ottaviano Del Turco, Gino Giugni, Alberto La Volpe. Essi uscirono dal gruppo parlamentare dei Progressisti e formarono un nuovo gruppo con esponenti del Patto Segni e di AD.

56 Roberto Villetti (n. 1944), laureato in Scienze Politiche, è stato direttore dell'*Avanti!* dal 1989 al 1992, quando si dimise per contrasti col segretario del PSI Bettino Craxi. È stato due volte deputato, dal 2001 al 2008.

presidente Gino Giugni, si posero come i legittimi continuatori della tradizione socialista, rimanendo dunque nel centro-sinistra, ma anche in una posizione autonoma rispetto al PDS e con la volontà di voltare pagina, a cominciare dal simbolo, completamente rinnovato: la sigla del partito „SI", in nero ma col puntino rosso, inserita in un cerchio, con alla base una lunetta verde[57]. Nel dicembre successivo il SI fu ammesso nell'Internazionale Socialista e nel PSE, quale erede politico del socialismo italiano.

Lo stesso giorno l'ala risultata minoritaria al congresso, che era ostile ad ogni forma di alleanza con i "Progressisti" e in particolare con il PDS e che era stata contraria allo scioglimento del PSI, che essa avrebbe voluto autonomo da ogni schieramento, proposta che la maggioranza aveva considerato come una specie di regalo al centro-destra, decise di fondare una propria

---

57   Gli incarichi di lavoro andarono a personaggi nuovi: Salvatore Abbruzzese (Politiche comunitarie), Riccardo Nencini ((Comunicazione), Stefano Caldoro (Mezzogiorno), Gabriele Piermartini (Enti locali), Franca Prest (*Avanti!*), Valeriano Giorgi ed Enzo Ceremigna (Organizzazione).

organizzazione politica che prese il nome di Partito Socialista Riformista (PSR). Presidente fu eletto Enrico Manca[58] e segretario Fabrizio Cicchitto[59]. Il Direttivo sarebbe stato composto dai coordinatori regionali[60]. Il PSR assunse posizioni riformiste e filo-centriste. Nell'emblema scelto, di colore rosso, era raffigurato un libro collocato sotto il sole sorgente.

---

58   Enrico Manca (1931-2011), giornalista, laureato in Giurisprudenza e, *honoris causa*, in Scienze della comunicazione. Giovanissimo aderì al PSU (segretario Ignazio Silone) e successivamente divenne segretario nazionale dei giovani socialdemocratici. Nel 1959 aderì al MUIS di Zagari, col quale poi confluì nel PSI, aderendo in seguito alla corrente di De Martino. Nel 1972 entrò nella Direzione del PSI e fu eletto deputato, carica che conservò fino al 1994, tranne nei periodi in cui era presidente della RAI. Nel 1976 capeggiò un gruppo di demartiniani dissidenti e aderì alla *rivolta dei quarantenni* che elesse Craxi segretario del Partito. Manca fece parte della Segreteria e, dopo varie vicende, entrò nella corrente riformista di Craxi. Durante il periodo craxiano fu due volte ministro. Fu uno dei fondatori del PSR. Entrò poi nel PS di De Michelis e Intini, assieme al quale passò allo SDI. Nel 2005 aderì alla „Margherita" e quindi al Partito Democratico.

59   Fabrizio Cicchitto (n. 1940) aderì giovanissimo al PSI. Negli anni '70 fu segretario nazionale della FGSI, militando nella corrente lombardiana, ma negli anni '90 aderì alle posizioni craxiane. Fu tra i fondatori del PSR, assieme al quale confluì poi nel PS di De Michelis, che lasciò nel 1999, assieme a Margherita Boniver, per aderire a Forza Italia. Nel 2013 ha aderito al NCD di Alfano. È stato più volte parlamentare.

Il 26 novembre vide la luce un altro raggruppamento, guidato da Maurizio Sacconi[61]: esso assunse la denominazione di Sinistra Liberale (successivamente „Sinistra per le Libertà"). Un comunicato dei promotori diceva: *L'iniziativa ha pertanto lo scopo di offrire coordinamento e sintesi politica ai molti che vogliono, in un sistema bipolare, dare continuità e autonoma dignità alla migliore tradizione laico-riformista nel naturale alveo dello schieramento liberale, in opposizione allo schieramento dominato dalla sinistra cinica e illiberale.*

Il simbolo consisteva in un'ape stilizzata su un cielo azzurro.

---

60 Coordinatore nazionale dell'organizzazione giovanile fu eletto Vladimiro Poggi.

61 Maurizio Sacconi (n. 1950). Dopo essere stato esponente del PSI (corrente De Michelis) nel gennaio1994 passò alla FSDL e quindi fondò Sinistra Liberale (fra i promotori dell'iniziativa c'erano Sergio Scalpelli, Matteo Mungari e Donato Rubilotta). Nel 2001 passò a Forza Italia e nel 2013 al NCD di Alfano. È stato parlamentare, sottosegretario e ministro.

Nello stesso periodo le acque erano piuttosto agitate anche in casa socialdemocratica. Tra il 20 novembre e il 4 dicembre (2° turno) si erano svolte le elezioni amministrative per il comune e la provincia di Massa e Carrara, nelle quali si fronteggiavano principalmente due coalizioni: una di centro-sinistra e una di centro-destra. Alla Provincia il centro-destra presentava, come candidato Presidente, nientemeno che il segretario nazionale del PSDI, il deputato europeo Enrico Ferri. La cosa provocò uno scontro col presidente del Partito Antonio Cariglia, ex partigiano, e con gran parte della base che non potevano accettare l'alleanza col centro-destra. Il PSDI venne anche ufficialmente richiamato dal PSE e dall'Internazionale Socialista per la sua scelta di allearsi con un partito, Alleanza Nazionale, che si poneva in continuità col Movimento Sociale Italiano. Il presidente Cariglia dunque , il 15-11 1994 convocò il Consiglio Nazionale del PSDI e il 18 successivo il coordinatore del partito Carlo Flamment[62] riunì a

---

62 Carlo Flamment (n. 1955), laureato in Economia e Commercio, commercialista, manager privato e pubblico, è stato consigliere comunale di Roma e componente del Comitato di Reggenza del PSDI (1994). Dal 2000 è Presidente Esecutivo del Formez,

Roma la corrente „Sinistra Riformista", il cui documento venne poi fatto proprio dal Consiglio Nazionale. In esso, ribadito il legame storico del PSDI col PSE e con l'Internazionale Socialista, si chiesero le dimissioni di Ferri, l'azzeramento della Direzione e della Segreteria e si decise la convocazione del congresso per i giorni 28 e 29 gennaio 1995. Ferri[63] fu dunque costretto a dimettersi e la gestione provvisoria del partito fu affidata ad un Coordinamento nazionale presieduto da Gianfranco Schietroma[64]. In attesa del congresso anche Ferri cercò di organizzarsi, formando (10-12-1994), assieme a Luigi Preti[65], una propria

---

un'agenzia tecnica del Dipartimento della Funzione Pubblica.

63 Alle elezioni di Massa e Carrara Ferri ottenne il 30,7% dei voti e arrivò al ballottaggio con il candidato del centro sinistra Franco Gussoni. Quest'ultimo lo sconfisse al 2° turno, avendo ottenuto il 56 % dei voti contro il 44 % di Ferri.

64 Gianfranco Schietroma (n. 1950), avvocato, è stato segretario nazionale del PSDI, assieme al quale aderì alla SDI (di cui divenne coordinatore e poi vicepresidente nazionale) poi PS/PSI. È stato consigliere e assessore regionale del Lazio (1990-1995) per il PSDI, deputato (1996-2001), sottosegretario e componente del Consiglio Superiore della Magistratura. Dal 2014 è coordinatore del PSI (segretario Nencini).

65 Luigi Preti (1914-2009), laureato in giurisprudenza e in lettere, docente universitario, fu fervente antifascista e quindi socialista. Nel 1946, già segretario provinciale e consigliere comunale del PSIUP a Ferrara, fu eletto all'Assemblea

corrente denominata SO.L.E. (Socialdemocrazia Liberale Europea), che guardava al centro, con qualche attrazione per F.I..

Il 18 dicembre 1994 la FSDL diventò Movimento Liberal Socialista e si dotò di un proprio simbolo, che però non avrà occasione di usare nelle diverse elezioni, perché si presenterà sempre in coalizioni: le lettere maiuscole L ed S unite da un tricolore e inserite in un cerchio con in alto la scritta „Liberal Socialisti".

Scissioni e fusioni

Il primo avvenimento significativo del 1995 in campo socialista fu il XXIV congresso del PSDI, che si tenne a

Costituente e quindi deputato per dieci legislature, fino al 1992. Nel 1947 aderì alla scissione socialdemocratica, nella cui Direzione entrò nel 1950. Fu poi Presidente (1989-1992) e Presidente onorario (1992-1994) del PSDI. Fu più volte sottosegretario e ministro. Nel 1994, assieme a Ferri, fondò il SO.L.E, da cui si staccò nel 1996, per fondare il „Movimento per la Rinascita Socialdemocratica, collocatosi nel centro-destra. Col suo romanzo *Giovinezza, Giovinezza* nel 1964 vinse il Premio Bancarella.

Bologna, il 28 e 29 gennaio, alla presenza del Presidente dell'Internazionale Socialista Pierre Mauroy, intervenuto probabilmente per verificare che fosse eliminata l'innaturale convergenza di un partito socialista con l'estrema destra. Il Congresso[66] non ebbe esitazioni: si pronunciò per la scelta di sinistra ed elesse segretario nazionale, per acclamazione, Gianfranco Schietroma[67], il quale così si espresse:

Abbiamo vinto la prima scommessa: oggi possiamo dire che la socialdemocrazia continua in Italia. Il partito non è più quello di una volta, ho visto nuovi entusiasmi e, ripartendo da zero, credo che abbiamo tutte le carte in regola per il rilancio.

Bisognava dunque andare *ad intese con le altre componenti della sinistra democratica e del polo progressista per consolidare uno schieramento che comprenda cattolici, laburisti, socialisti di AD, laici riformisti, Verdi, PDS e SI. Tutto ciò per ricostruire un'alternativa al polo di destra.*

A questo punto il fossato determinatosi fra la sinistra e la destra interne socialdemocratiche appariva davvero incolmabile, e le rispettive posizioni politiche del tutto

---

66 Alla tribuna si alternarono vari *big* della socialdemocrazia italiana: Alberto Bemporad, Flavio Orlandi, Antonio Cariglia, Stefano Giacometti, Magda Cornacchione, Carlo Flamment.

67 Vicesegretario Giorgio Carta. Coordinatore della segreteria sarà nominato Carlo Flamment.

inconciliabili. Sicché la corrente SO.L.E lasciòil PSDI e si costituì in partito autonomo, con coordinatore l'on. Ferri, che cominciòa lavorare *per unirsi alle forze laiche e cattoliche, al fine di realizzare un'alternativa compatta e seria all'area progressista ed ai suoi improvvisati fiancheggiatori.*

Il SO.L.E intraprese poi un cammino verso un'alleanza organica con il CCD. Furono avanzati ricorsi per il possesso del vecchio simbolo socialdemocratico del sole nascente, ma il Tribunale di Roma, il 23-3-1995, ne attribuì il possesso a Schietroma, *il solo legittimato a rappresentare il PSDI e a utilizzare il simbolo del sole nascente.* Il 2 novembre perciò venne presentato il simbolo del nuovo movimento: una corona circolare azzurra con, in basso, la denominazione del partito e, in alto, dodici stelle; all'interno, il sole radiante che sorge dal mare.

La prima prova che il movimento socialista così ristrutturato dovette affrontare furono le elezioni regionali del 23 aprile, le prime col nuovo sistema elettorale.

La Federazione Laburista presentò liste proprie all'interno del centro-sinistra, sostenendone i candidati alla presidenza e riuscendo ad eleggere otto consiglieri regionali[68].

Il SI, invece, si presentò all'interno del „Patto dei Democratici", una coalizione politica costituita il 26 marzo 1995, di cui facevano parte appunto il SI di Boselli, il Patto Segni di Mario Segni e Alleanza Democratica di Willer Bordon[69].

Il Patto dei Democratici ottene il 4,2 % dei voti ed elesse 33 consiglieri regionali, di cui ben 22 socialisti del SI. Il

---

68 Uno in Toscana, dove ottenne l'1,41 % e uno in Puglia, dove si era presentata assieme al PSDI e al PRI, dove arrivò al 2,18 %, due in Basilicata (8,05%).uno nella lista dei "Progressisti" in Calabria e tre nei listini di maggioranza.

69 L'intesa era già stata raggiunta in precedenza (21-2-1995) a livello di gruppi parlamentari. Al gruppo de „I Democratici" avevano aderito 9 deputati del Patto Segni, 7 di Alleanza Democratica e 5 del SI (Ottaviano Del Turco, Enrico Boselli, Gino Giugni, Giuseppe Albertini, Alberto La Volpe).

Patto era fautore di un'alleanza di centro-sinistra *a due gambe*: da un lato un centro democratico formato da varie forze riformiste di varia estrazione ideologica e dall'altro il PDS. Non tutti, a cominciare dallo stesso Prodi, condividevano questo progetto e puntavano invece a una coalizione, *L'Ulivo*, inteso come unico soggetto politico comprensivo di tutti i partiti del centro-sinistra. Diverse valutazioni all'interno del Patto,ne causarono la crisi e poi il dissolvimento sul finire del 1995.

All'approssimarsi delle elezioni politiche del 21-4-1996, il SO.L.E di Enrico Ferri concluse la sua marcia di avvicinamento al CCD (Centro Cristiano Democratico, collocato nel centro-destra), entro il quale finirà per liquefarsi[70]. Tale scelta non fu condivisa dal cofondatore del movimento Luigi Preti, che già aveva organizzato una propria corrente interna, denominata „Rinascita Socialdemocratica". Quando Ferri decise di federare il SO.L.E al CCD, Preti rese autonoma la sua corrente, lasciò il partito e fondò il „Movimento per la

---

70 Alle amministrative del 1995 il SO.L.E. si schierò col Polo delle Libertà (In Lombardia nella lista „Pensionati del Sole"). Alle politiche Ferri si candidò nella lista del biancofiore (CCD-CDU), ma non fu eletto. In seguito seguì il gruppo di Clemente Mastella, confluito nell'UDR di Cossiga; nel 1999 passò a F.I. e fu eletto al Parlamento europeo (1999-2004). Alle politiche del 2006 approdò nell'UDEUR di Mastella, ma non fu eletto.

Rinascita Socialdemocratica" (17-2-1996)[71], che si federò con Forza Italia. In seguito il movimento di Preti mutò la sua denominazione in „Partito Socialdemocratico". Tuttavia, poiché tale scelta poteva ingenerare confusione col PSDI, nel 2005 tornerà alla denominazione iniziale, nel 2007 ancora cambiata in „Partito dei Socialdemocratici" e infine, nel 2009 nuovamente in „Rinascita Socialdemocratica"[72].

---

71 La fondazione avvenne ufficialmente a Pedrera, presso Rimini, con presidente Luigi Preti e Presidente onorario Carlo Matteotti, affiancati da un Consiglio nazionale. Alle elezioni politiche Rinascita Socialdemocratica si presenterà all'interno delle liste di Forza Italia.

72 Nel dicembre 2006 il movimento di Preti si federò con quello di Sergio De Gregorio „Italiani nel mondo". Dopo la morte di Preti (2009), ridotto ormai a dimensioni locali, fu guidato da Vittorino Navarra (n. 1942), ex componente della segreteria nazionale ed ex consigliere comunale (1970-1991) di Poggio Renativo (Ferrara).

Il PSR per tutto il 1995 aveva mantenuto posizioni filocentriste, ma senza ottenere risultati significativi, né sul piano politico, né su quello organizzativo.

Alle elezioni amministrative del 1995 venne presentata una lista „Socialisti e Laici- la Sinistra delle Libertà", composta da Movimento Liberal Socialista, PSR, Sinistra Liberale, parte del PSDI , con qualche collegamento con la Lista Pannella, senza peròc onseguire risultati apprezzabili.

Il 1995 si chiuse col 1° congresso del SI, che si tenne a Roma dall'8 al 10 dicembre[73]. In un certo senso si trattò di un congresso di svolta, in quanto vi si assunse una posizione assai critica sulle prospettive dell'*Ulivo*, poiché non si vedeva con favore l'intenzione di creare una specie di superpartito, che avrebbe annullato le diverse tradizioni dei partiti che vi avrebbero aderito, ed in particolare di quella socialista, stretta nella morsa di un asse privilegiato tra PDS e PPI (Partito Popolare

---

73   Al congresso era presente l'europarlamentare e senatore francese Michel Rocard (n. 1950), ex Primo Ministro ed ex segretario del PS francese.

Italiano). Tale impostazione contribuì ad aprire un proficuo dibattito all'interno del centro-sinistra, che finirà per orientarsi per una rappresentanza più articolata delle sue diverse anime.

La destra della diaspora socialista, invece, visti gli scarsi risultati fin lì ottenuti, cercò di raccogliere le sue disperse forze. Un risultato nella direzione di una semplificazione di questa parte politica si ebbe, il 24 febbraio1996, quando il Movimento Liberal Socialista e il PSR si unificarono, dando vita al PS (Partito Socialista)[74], in cui praticamente confluirono vecchi e nuovi craxiani, uniti dall'ostilità verso il centro-sinistra (Boniver, Cicchitto, Intini, Manca). Coordinatore Nazionale fu eletto l'ex portavoce di Craxi Ugo Intini[75].

1996   1997

---

74   La fondazione del PS avvenne nel corso della riunione dell'Assemblea Nazionale degli aderenti al Comitato Promotore per la ricostituzione del PSI (24-4-1996). La relazione introduttiva fu tenuta da Donato Rubilotta.

75   Stranamente Craxi da Hammamet (Tunisia), dove si era stabilito, sconfessò il progetto.

Il proposito dei promotori era quello di *ricostruire il partito nell'eredità che va da Turati a Craxi* , il quale però affermò che nessuno aveva il diritto di presentarsi come suo erede. Al che Intini rispose: *Non stiamo ricostituendo il partito craxiano, bensì il partito socialista*. In effetti, anche se ancora, nell'entusiasmo dei primi tempi, ciò non emergeva con evidenza, nella nuova formazione convivevano due anime, sempre presenti nella sua non lunga esistenza: quella dei craxiani ortodossi, fedeli ad un anticomunismo inflessibile, e quelli che erano animati dalla ricerca di uno spirito unitario verso le altre anime del socialismo italiano: Intini era fra questi.

Il nuovo partito decise di presentarsi da solo : *Da soli, né a destra, né a sinistra*.

I risultati furono però deludenti: lo 0,40 % nel proporzionale e nessun seggio.

Tuttavia le cose andranno meglio nelle elezioni regionali siciliane (16-6-1996), in cui venne presentata la lista „Partito Socialista-Sicilia". Il PS siciliano[76] avrà tre

---

76   Coordinatore regionale era Angelo Ganazzoli (1930), già Presidente della Commissione Antimafia, a suo tempo nominata dall'ARS (Assemblea Regionale Siciliana).

eletti su 90 deputati regionali: Salvatore Cintola (PA)[77], Giovanni Ricevuto (ME)[78] e Nunzio Calanna (CT)[79].

Le elezioni politiche segnarono la vittoria dell'*Ulivo*, la coalizione di centro-sinistra, guidata da Romano Prodi, che divenne Presidente del Consiglio. L'*Ulivo* ottenne 322 seggi su 630 alla Camera e 116 su 315 al Senato.

La Federazione Laburista poté candidare ben 19 suoi esponenti nei collegi uninominali, mentre per la parte proporzionale appoggiò le liste del PDS, che per l'occasione inserì nel suo simbolo la scritta "Sinistra Europea", suggerita dai Laburisti, per sottolineare l'ottica europea in cui doveva operare la coalizione .Oltre che di nomi i Laburisti diedero alla coalizione di centro-sinistra un importante apporto di idee, in linea con la migliore tradizione socialista. Essi proponevano:

1) Il semipresidenzialismo alla francese, per quanto riguardava il sistema elettorale 2) Un fisco sul modello americano, con la possibilità di scaricare gli acquisti di beni e servizi 3) un incremento dell'occupazione nei

---

77 Salvatore Cintola (1941-2010) proveniva dal PRI e dal PSDI. Successivamente aderirà al CDU e quindi all'UDC.

78 Giovanni Ricevuto (n. 1941) era un ex senatore del PSI. Aderirà successivamente al Nuovo PSI, di cui diventerà segretario regionale. Nel 2008 sarà eletto Presidente della Provincia di Messina.

79 Nunzio Calanna (n. 1943) è un avvocato penalista.

settori di ambiente, beni culturali e ricerca scientifica
4) La difesa e lo sviluppo della scuola pubblica.

I Laburisti elessero sei deputati[80] e cinque senatori[81].

Il partito di Boselli, in occasione delle elezioni politiche del 1996, decise di rimanere nell'*Ulivo* e di appoggiare la candidatura di Romano Prodi; strinse quindi un patto federativo[82] con Rinnovamento Italiano[83], col Patto Segni[84] e col Movimento Italiano Democratico[85], che si presentarono assieme nella „Lista Dini-Rinnovamento Italiano" (LD-RI), nell'ambito della coalizione di centro-sinistra., risultata poi vincitrice..

---

80 Valdo Spini, Carlo Carli, Mario Gatto, Luigi Giacco, Rosario Olivo, Giovanni Pittella.

81 Felice Besostri, Antonello Cabras, Giovanni Murineddu, Giancarlo Tapparo, Fausto Vigevani .

82 Il Patto federativo si concluse nel dicembre 1996.

83 Rinnovamento Italiano era un partito politico, sorto l'11-1-1996, attorno alla figura dell'ex Presidente del Consiglio Lamberto Dini, già direttore generale della Banca d'Italia. Era una formazione politica *di centro, moderata, riformista*. R.I. elesse 10 deputati e 4 senatori.

84 Il „Patto Segni", di orientamento centrista, era stato fondato dall'on. Mario Segni (n. 1939). Ottenne 8 deputati e i senatore.

85 Il M.I.D. era un partito di centro moderato e riformista, fondato il 22-2-1995 dall'ex ministro degli Esteri Sergio Berlinguer (n. 1934).

La lista ottenne il 4,3 % dei voti nel proporzionale ed elesse 26 deputati e 11 senatori, dei quali erano dei Socialisti Italiani 7 deputati[86] e 5 senatori[87].

Nel governo Prodi, costituitosi dopo 1 e elezioni, entrarono due sottosegretari del SI: Giuseppe Albertini[88] ai Trasporti e Alberto La Volpe[89] ai Beni culturali e ambientali.

Nel periodo successivo prese corpo l'ipotesi, lanciata da D'Alema (PDS), per il quale era giunto il momento di dar vita ad un nuovo soggetto politico che scaturisse dalla fusione del PDS[90] con altri partiti e movimenti di

---

86 Giuseppe Albertini, Enrico Boselli, Enzo Ceremigna, Giovanni Crema, Leone Delfino, Sergio Fumagalli, Roberto Villetti.

87 Livio Besso Corsero, Ottaviano Del Turco, Giovanni Iuliano, Maria Rosaria Manieri, Cesare Marini.

88 Giuseppe Albertini (n. 1952), dipendente pubblico, è stato deputato per quattro legislature, dall'XI alla XIV.

89 Alberto La Volpe (n. 1933), noto giornalista della RAI ed ex direttore dell'*Avanti!*, era stato deputato nella XII legislatura (1994-1996). È stato anche sottosegretario agli Interni nel 1° governo D'Alema.

90 Il PDS (Partito Democratico della Sinistra) era stato fondato in seguito allo scioglimento del PCI (1991), con segretario Achille Occhetto, il quale si dimise nel 1994, in seguito alla sconfitta dell'Alleanza dei Progressisti e quindi alla vittoria del Polo di centro-destra di Berlusconi, nel 1994. Gli successe Massimo D'Alema.

sinistra, per creare *una formazione politica che si collocherebbe nell'area dei partiti socialdemocratici e laburisti europei*, quella che poi fu detta *La cosa 2*.

Se la proposta trovò ascolto nella maggioranza della Federazione Laburista, fu invece rigettata dal SI, che la leggeva non come una fusione alla pari, ma piuttosto come una sostanziale confluenza nel PDS, che avrebbe troppo diluito se non annullato la peculiarità della storia del socialismo in Italia. Tale ipotesi fu infine ufficialmente respinta dal Consiglio Nazionale del SI del 22-7-1996. Il dibattito comportò anche un auspicio per la ricomposizione della diaspora socialista, da realizzare costruendo una nuova casa comune per tutti i socialisti.Con tutta evidenza tale auspicio-invito era diretto al Partito Socialista di recente formazione guidato da Intini.

E, in effetti, in quella sponda l'appello trovò notevole risonanza, pur con qualche differenza di accenti. Poco prima del congresso del suo partito, Intini, da sempre animato da spirito unitario, dichiarò: *Noi siamo equidistanti e ci collochiamo storicamente a sinistra. Ma non siamo per questa sinistra e condividiamo alcune posizioni del Polo. In ogni caso scommettiamo sulla disgregazione dei poli, e puntiamo alla riunificazione delle forze socialiste e laiche.*

Al 1° congresso del PS, che si tenne a Roma dal 30 novembre al 1° dicembre 1996 parteciparono 400 delegati in rappresentanza di 25.750 iscritti. Nel corso del dibattito, cui assistette Gianni De Michelis[91], l'ultimo vicesegretario di Craxi, emersero con notevole chiarezza due posizioni: quella di Intini, aperta al dialogo con il Si e protesa all'unificazione con quest'ultimo e quella dei craxiani puri, piuttosto restii a colloquiare con chi manteneva rapporti di alleanza col PDS e che guardavano con una certa simpatia al Polo di centro-destra. Tutti comunque erano ben decisi a respingere la proposta dalemiana della „Cosa 2". Per il momento comunque sembrò prevalere l'impostazione di Intini, il quale però venne eletto dalla Direzione e non dal congresso, come la sua corrente avrebbe voluto: ciò in realtà serviva ad assicurare un notevole controllo dei craxiani sul segretario, il quale peraltro era affiancato da un coordinatore della segreteria appartenente all'altra parte: Fabrizio Cicchitto.

---

91 Gianni De Michelis (n. 1940), docente universitario di Chimica, entrò nel PSI nel 1960 e nel 1962 divenne presidente dell'UGI, militando nella sinistra lombardiana, da cui in seguito si staccò. Deputato dal 1976 al 1994, è stato più volte ministro. Membro della Direzione del PSI dal 1969, fu l'ultimo vicesegretario di Craxi (1993-94). Nel 1997 aderì al PS di Intini, cui successe come segretario. Sarà successivamente segretario del Nuovo PSI (2001-2007). Partecipò poi alla Costituente Socialista. Dal 2011 aderisce al partito dei Riformisti Italiani di Stefania Craxi.

Venne dunque eletto un Consiglio Federale di 150 membri, che poi elesse una Direzione[92] di 61 componenti, dai quali sarà eletto il segretario e una segreteria di 5 elementi.

Gli obiettivi che il nuovo partito si poneva erano essenzialmente quattro: far emergere quella che esso riteneva essere la verità su quanto accaduto al vecchio PSI, arrivando alla riabilitazione di Craxi; rimettere in piedi lo Stato di diritto e il garantismo; sostituire la legge elettorale con un sistema proporzionale alla tedesca, accompagnato da una riforma dello Stato in senso federalista e dall'elezione diretta del premier; promuovere una seria lotta alla disoccupazione. *Per realizzare tutto questo noi guardiamo ai socialisti di Boselli*, diceva Intini. Ma qualcuno forse aveva delle riserve mentali.

La collaborazione fra i due segretari, Boselli (SI) e Intini (PS) fu comunque proficua e i due partiti giunsero ad un accordo per presentare liste unitarie alle amministrative del 19 aprile e del 16 novembre 1997, con l'obiettivo ultimo della riunificazione.

Il 18 marzo 1997 venne presentata la lista dei candidati al Comune di Milano, culla del socialismo italiano,

---

92 Della Direzione faranno parte, tra gli altri, Margherita Boniver, Enrico Manca, Biagio Marzo, Bobo Craxi, Giusy La Ganga, Alma Cappiello.

capeggiata proprio da Boselli e Intini, con candidato sindaco Giorgio Santerini[93], ed anche il simbolo comune: un garofano e una rosa rossi su sfondo bianco.

Nonostante i risultati di Milano fossero obiettivamente deludenti (1,3 % e nessun eletto), i due leader decisero di proseguire nell'intesa.

A questo punto da Hammamet, col solito metodo del fax, Bettino Craxi attaccò l'esperimento, giudicando che *l'avventura della lista Intini-Boselli è finita in un vero disastro*, derivante dall'improvvisazione, dalla presentazione di liste unitarie col SI, senza che ne fossero maturate le condizioni, dall'ambiguità , dal mancato rinnovamento. I due segretari reagirono[94], ma intanto le acque, specialmente all'interno del PS, tornarono di nuovo agitate.

---

93 Santerini (1938-2013) era stato giornalista dell'*Avanti!* e del *Corriere della sera*, nonché presidente della Federazione Nazionale della Stampa Italiana. Ottenne solo lo 0,92 % dei voti.

94 Una nota dei Socialisti Italiani Uniti diceva che *sfiora il 4 % la percentuale riportata dalle forze socialiste nelle amministrative*.

E se Intini ripeteva: *Il futuro partito socialista non potrà essere il partito di Craxi e non potrà essere eterodiretto da Hammamet*, quelli che invece accettavano in pieno le prese di posizione di Craxi, dirette da De Michelis, erano sempre più orientati a rifiutare il progetto di fusione col SI, che non aveva affatto rotto col PDS, come essi avevano sperato.

Quando apparve chiaro che quest'ultimo partito stava ormai navigando a vele spiegate verso la „Cosa 2", che avrebbe inglobato anche autorevoli esponenti del socialismo italiano come Benvenuto, Spini, Ruffolo, ecc., e che Boselli e Intini erano orientati verso un soggetto politico socialista unitario, le posizioni all'interno del PS si chiarirono e due linee politiche, ora chiaramente alternative, cominciarono a confrontarsi. Intini pensava di lasciar decidere a un nuovo congresso, da tenersi entro il 1997, ma la „destra" di De Michelis decise di stringere i tempi e in una riunione della Direzione del 13-9-1997, con 37 voti su 38 presenti, elesse De Michelis al posto di Intini. Al di là delle contestazioni procedurali, che pure ci furono, sulla regolarità della convocazione della Direzione[95], il problema era politico.

---

95 Per Intini la riunione che lo aveva destituito era illegittima, in quanto da lui stesso revocata , in seguito alla richiesta di 9 regioni. Per De Michelis era invece valida, perché comunque convocata dalla maggioranza dei membri della segreteria.

E se De Michelis continuava a dire: *Vogliamo l'unità e la chiarezza, ma la prima senza la seconda non ha senso. Storicamente siamo a sinistra e desideriamo prima di tutto il dialogo con il SI di Boselli. Non è vero che siamo per un'alleanza organica con Forza Italia e neanche per l'intruppamento nel Polo*, Intini con semplicità tagliava corto: *La verità è che, al di là delle contingenti cortine fumogene, loro vogliono andarsene con la destra.*

La rottura divenne definitiva il 26 settembre 1997, quando si riunirono i seguaci di Intini, i quali decisero di avviarsi verso la fusione col SI[96].

Intanto qualcosa si stava muovendo in un altro settore della galassia socialista italiana. Il 15 luglio 1997 si era svolto il convegno *Socialisti Laburisti per il nuovo partito del socialismo europeo*, presieduto da Paolo Vittorelli[97], nel corso del quale, dalla fusione della Federazione

---

96   Il SI contava allora 40.000 iscritti e 100 federazioni. Alle amministrative di novembre le liste socialiste unite superarono il 5%. Nello stesso periodo apparvero nelle edicole e online l'*Avanti della domenica* e la rivista teorica *MondOperaio*, diretta da Claudio Martelli fino al 2000.

97   Paolo Vittorelli (1915-2003), giornalista, fervente antifascista, entrò inizialmente nel Partito d'Azione, assieme al quale nel 1947 confluì nel PSI. Successivamente passò al PSDI, da cui uscì nel 1953, per protesta contro la *Legge Truffa*, fondando Unità Popolare, assieme a cui nel 1957 rientrò nel PSI. Più volte deputato e senatore.

Laburista con altri gruppi dell'area socialista e laica, era sorto il MDSL (Movimento dei Democratici, dei Socialisti e dei Laburisti) che si proponeva di dare un contributo originale al processo unitario che era stato avviato a sinistra fra il PDS ed altre formazioni:

In vista di questa prospettiva ci è parso necessario dare al nostro impegno una fisionomia ed un minimo di struttura collettiva: il MDSL, inteso non come soluzione alla crisi socialista né come sigla da contrapporre a raggruppamenti già esistenti, quanto piuttosto come fattore di promozione, rappresentanza e supporto per un contributo autonomo dei socialisti e dei democratici laici al processo di formazione della sinistra unitaria.

MDSL

Coordinatore venne nominato Valdo Spini, affiancato da un Coordinamento composto da 21 membri[98]. Il

---

98   Artali, Averardi, Barra, Battaglia, Benaglia, Bemporad, Benzoni, Carli C., Coen, Covatta, Facchiano, Ferrari, Menchinelli, Giugni, Guerrieri, Regoli, Romita, Ruffolo, Tempestini, Vallauri, Vittorelli.

Movimento poteva contare su 9 deputati[99], 7 senatori[100] ed un europarlamentare[101].

Il 3 e 4 ottobre si tenne la Convenzione Nazionale del MDSL, dal titolo *Costruire il soggetto politico unitario del Socialismo Europeo in Italia*.

Il documento conclusivo stabiliva, fra l'altro: *[Il MDSL] decide la propria partecipazione agli stati generali della sinistra previsti per il prossimo Dicembre dichiarandosi disponibile ad uno sblocco politico unitario positivo se questo permetterà la risoluzione della questione socialista nel quadro del rinnovamento della sinistra italiana. In questo senso il riferimento chiaro ed esplicito, nel nome e nel simbolo, al Socialismo Europeo, costituisce l'indispensabile elemento unitario che può indicare concretamente il superamento della divisione del movimento operaio e socialista italiano.*

---

99   Carli, Delfino (proveniente dallo SDI nell'ottobre 1998), Gatto, Giacco, Olivo, Pittella, Penna, Ruberti.

100 Besostri, Cabras, Murineddu, Tapparo, Vigevani, più due provenienti dallo SDI: Besso Cordero e Iuliano (ottobre 1998).

101 Ruffolo.

Schiarita

La politica non si fa coi sentimenti... figuriamoci coi risentimenti.
(Pietro Nenni)

Unificazioni a sinistra

Nel 1998 l'affollato firmamento socialista si arricchì di una nuova stella: il movimento dei Liberalsocialisti con presidente l'ex ministro Salvo Andò[102] - al quale aderirono diverse personalità del socialismo siciliano, fra cui Filippo Fiorino[103]. Il movimento riuscirà

---

102 Salvo Andò(1945), docente universitario, è stato consigliere comunale, prima a Giarre e poi a Catania. È stato deputato per quattro legislature (1979-1994), membro della Direzione e della Segreteria del PSI, Ministro della Difesa nel governo Amato (1992-93). Nel 1998 fondò il movimento dei Liberalsocialisti, che nel 2003 confluì nello SDI Dopo alcune esperienze locali, è stato eletto (29-7-2014) presidente nazionale di „Laboratorio Democratico", punto di riferimento dell'ala socialista ed europeista del Partito Democratico.

103 Filippo Fiorino (1932-2006), esponente di grande rilievo dei socialisti siciliani e autonomista craxiano, dopo essere stato

a cogliere qualche affermazione nelle votazioni locali, fra cui l'elezione, nel 2001, di un deputato regionale[104] e di alcuni consiglieri provinciali nel maggio 2003, l'uno e gli altri in Sicilia. Il 22 novembre 2003 si terrà ad Enna il 1° congresso[105] del movimento. La relazione introduttiva fu svolta dal presidente Andò, che, fra l'altro disse: *Dobbiamo rifare i partiti se vogliamo rifare l'Italia. Dobbiamo rendere più europea la nostra vita politica, ricostruendo partiti forti nella loro capacità progettuale. Il nostro obiettivo è quello di fare politica in Sicilia, formando una classe dirigente alla quale i vecchi militanti socialisti possano guardare con orgoglio.*

---

consigliere comunale di Palermo, deputato regionale e assessore regionale in Sicilia, fu due volte deputato nazionale e più volte sottosegretario. Era stato tra i fondatori del Partito Socialista-Sicilia, per poi aderire ai Liberalsocialisti di Andò, avvicinandosi successivamente allo SDI.

104 Amendolia Antonino (n. 1958), dipendente del Ministero del Tesoro (Circoscrizione di Catania).

105 Il 1° congresso del movimento fu tenuto ad Enna il 22-11-2003. La relazione introduttiva fu svolta dal presidente Andò, che, fra l'altro disse: *Dobbiamo rifare i partiti se vogliamo rifare l'Italia. Dobbiamo rendere più europea la nostra vita politica, ricostruendo partiti forti nella loro capacità progettuale. Il nostro obiettivo è quello di fare politica in Sicilia, formando una classe dirigente alla quale i vecchi militanti socialisti possano guardare con orgoglio. Al congresso intervennero Stefano Carluccio, direttore di* Critica Sociale, *Pia Locatelli, Giorgio Benvenuto ed Enrico Boselli.*

Sulla base di un appello sottoscritto dal SI, che l'aveva promosso, dal PS di Intini, dal PSDI e dal Movimento di Unità socialista e laburista, venne convocata, per il 7 e l'8 febbraio 1998 all'hotel *Ergive* di Roma, una riunione per lanciare la *Costituente Socialista* e quindi per avviare il processo di unificazione delle sparse forze socialiste[106]. Si trattava di un primo importante passo verso la ricomposizione della diaspora socialista succeduta alla scomparsa del vecchio PSI; l'iniziativa si proponeva di riunire tutti i socialisti che si

---

106 Un incontro preparatorio si era tenuto nel pomeriggio del. 26-9-1997. In mattinata si erano riuniti separatamente due consessi: il Consiglio Federativo del PS di Intini, contrapposto al PS di De Michelis, contro cui fu avanzato ricorso alla Commissione Nazionale di Garanzia; il Consiglio Nazionale del SI, in cui Boselli spiegò che *i socialisti non possono guardare al centro-destra, perché sarebbe contro la loro natura e contro la loro storia*; il Consiglio Nazionale del PSDI che aderì *alla marcia per l'unità socialista*. Alla riunione congiunta, presieduta da Manca (*dopo tanti giorni di amarezza, finalmente un momento di gioia*) parteciparono Boselli, Del Turco, Villetti (SI), Intini, Manca e Carmelo Conti (PS Intini), Schietroma (PSDI) e Martelli (ind.).

riconoscevano nel centro sinistra, ma che volevano mantenere una propria autonomia rispetto al PDS, ormai orientato verso la costituzione della „Cosa 2".

Il SI aveva avuto sin dalla sua fondazione l'obiettivo politico - specialmente alla luce della nuova legge elettorale maggioritaria da cui derivava la polarizzazione della politica – di mantenere in vita una forza autenticamente socialista erede della tradizione riformista del partito socialista italiano. A questo progetto però si sottraevano il PS di De Michelis, che finirà per approdare nel centro-destra ed altre forze che invece aderivano al progetto dalemiano della „Cosa 2".

L'unificazione socialista, sia pure parziale, che si andava a fare, che aveva fatto le sue prove generali con le liste di unità socialista nelle amministrative del 1997, era appunto una risposta alla costituzione a sinistra di un unitario soggetto politico, che si temeva egemonizzato dai *postcomunisti* del PDS. Ma doveva fare i conti coi sentimenti e coi risentimenti seguiti al crollo di Craxi e con una lunga storia di litigiosità e di divisioni, che aveva fatto parlare Nenni di *orgia delle scissioni*. Il 13 febbraio 1998 giunse a compimento il processo di realizzazione della „Cosa 2", mediante gli "Stati Generali" della Sinistra riuniti a Firenze. Alla fondazione del nuovo partito parteciparono diversi raggruppamenti, di cui alcuni diretti o fondati da socialisti. Anzitutto il PDS, che ne era il maggiore azionista, nato dallo scioglimento del PCI e già membro dell'Internazionale Socialista; la Sinistra Repubblicana[107], i Cristiano Sociali, guidati da Pierre Carniti, ex socialista del PSI ed ex Segretario Generale della CISL; il Movimento dei Comunisti Unitari[108] ; l'associazione „Riformatori per l'Europa"[109] .

Il gruppo più numeroso ed autorevole proveniente dal PSI era il Movimento Democratico dei Socialisti e dei Laburisti, guidato da Valdo Spini, il quale nel suo intervento, ebbe a dire che è *qui a Firenze, nella città di Rosselli, che noi MDSL intendiamo portare alla nuova formazione il patrimonio ideale e politico del socialismo liberale e democratico, di quello che potremmo chiamare anche il socialismo delle libertà, battaglia politica per*

---

107 La Sinistra Repubblicana era nata il 30-1-1994 da una scissione del PRI di Giorgio La Malfa ed era guidata da Giorgio Bogi, Giuseppe Ayala e Libero Gualtieri.

108 Il Movimento dei Comunisti Unitari era stato fondato il 14-6-1995 in seguito ad una scissione dell'ala destra di Rifondazione Comunista ed era guidato da Famiano Crucianelli.

109 L'associazione dei „Riformatori per l'Europa" era stata fondata nel 1998 ed era guidata da Giorgio Benvenuto, ex segretario nazionale del PSI, Ne facevano parte numerosi sindacalisti della U.I.L. e della C.G.I.L, fra cui Guglielmo Epifani che sarà in seguito Segretario generale della C.G.I.L. (2002-2010) e segretario del PD (2013).

assicurare a tutti il godimento reale delle libertà e dei diritti sociali. Un socialismo dei valori, secondo il famoso assunto rosselliano: il socialismo era innanzitutto rivoluzione morale prima ancora che rivoluzione materiale, sua naturale conseguenza.

Parlando poi di un tema ancora caldo negli ambienti socialisti, specialmente craxiani, e cioè quello del rapporto tra magistratura e politica, Spini disse:

Vi è un problema reale , passata l'emergenza, di rientro nel proprio alveo di competenze della magistratura e di riassunzione delle funzioni e delle competenze che gli sono proprie da parte del potere politico. Ma questa finalità non si persegue prendendosela coi giudici che hanno messo allo scoperto la corruzione e il finanziamento illegale dei partiti, bensì ripristinando il prestigio morale e l'autorevolezza della politica nel nostro paese.

Il nuovo partito dei DS (Democratici di Sinistra), pur aderente all'Internazionale Socialista e al Partito Socialista Europeo[110], non si volle chiamare „socialista", come sarebbe stato logico e naturale, avendo tutte le caratteristiche delle socialdemocrazie europee, forse per una sorta di ritrosia degli ex comunisti, un po' restii ad ammettere un „ritorno a casa". Ma i socialisti che aderirono ai DS ebbero tuttavia l'orgoglio di poter dire

---

110 Il PSE è stato fondato all'Aia nel 1992. Vi aderiscono 34 partiti socialisti europei.

che nel simbolo, ai piedi della quercia che era stata del solo PDS, stava la rosa del socialismo e la sigla P.S.E.

Segretario dei DS fu eletto Massimo D'Alema. Della Direzione, formata da 18 componenti, facevano parte due socialisti: Giorgio Benvenuto e Valdo Spini.

Dopo la fondazione dei DS, i laburisti divennero una corrente del nuovo partito. Nel 2000 essi

costituirono l'associazione politica e culturale denominata *Per il socialismo liberale e riformista*, poi divenuta *Socialisti liberali* e infine (2001) *Laburisti-Socialisti Liberali*. Essa presenterà nel congresso dei DS del 2005 un documento integrativo, approvato all'unanimità, per l'inserimento del nome *Partito Socialista Europeo* nel simbolo dei DS.

Il processo unitario dei socialisti, invece, ebbe la sua naturale conclusione col congresso tenuto a Fiuggi dall'8 all'10 maggio 1998, col quale fu fondato lo SDI (Socialisti Democratici Italiani), segnando così una tappa fondamentale nel processo di ricomposizione della diaspora socialista..

La nuova sigla unificante risultava dalla confluenza di quattro raggruppamenti provenienti dalla diaspora socialista:

1) Anzitutto il SI di Bonelli, partito promotore della *Costituente Socialista*, che era la forza di maggiore consistenza numerica, già da tempo schierata col centro-sinistra.

2) Il PS, o meglio la parte di esso guidata da Intini e Manca che così si staccò definitivamente dall'altra metà facente capo a De Michelis, che farà un percorso assai diverso.

3) Il PSDI o quello che era rimasto di esso, con segretario Gianfranco Schietroma, che faceva così una scelta coerente con la tradizione di tutta la socialdemocrazia europea. Il segretario, però, aderì senza un mandato esplicito del Consiglio nazionale e ciò avrà un seguito in futuro.

4) Gruppi dissidenti del MDSL, denominati „Laburisti Autonomisti", che si erano rifiutati di

aderire ai DS. Fra di loro spiccavano i nomi di Alberto Benzoni[111] e di Ennio Ronchinelli[112].

I valori e i principi cui si ispirava il nuovo partito dei socialisti erano evidenziati nell'art. 1 dello Statuto[113]:

I Socialisti Democratici Italiani si richiamano ai principi di libertà, di giustizia sociale e di pace, che sono alla base del socialismo. Il riformismo è il riferimento principale delle iniziative politiche e programmatiche del partito alimentato da diverse concezioni di vita o da differenti ispirazioni religiose.

Laicità, antitotalitarismo, diritti umani, civili e sociali, democrazia paritaria, europeismo,

---

111 Alberto Benzoni (n. 1935), giornalista e storico, si era iscritto al PSI nel 1957. Eletto consigliere comunale di Roma nel 1971, ne fu vicesindaco dal 1976 al 1985. Autorevole esponente della sinistra del PSI, nel 1978, firmò assieme a Tristano Codignola, Michele Achilli ed altri, un articolo sull'*Avanti!* assai critico con la segreteria Craxi. Fra le sue opere *Il movimento socialista nel dopoguerra* (1968, con Viva Tedesco) e *Il partito socialista dalla Resistenza a oggi* (1980).

112 Ennio Ronchinelli (1922-2011), brillante avvocato, medaglia d'argento della Resistenza, era stato consigliere comunale e assessore di Padova.

113 Nella sua versione definitiva, così come sarà approvato dal Consiglio Nazionale del 18-5-2002, su delega del 2° Congresso Nazionale.

federalismo,valorizzazione delle autonomie locali e tutela dell'ambiente sono cardini dell'azione dello SDI.

I Socialisti Democratici Italiani sono parte della grande famiglia socialista europea e mondiale, che trova la sua espressione nel Partito Socialista Europeo e nell'Internazionale Socialista.

Presidente fu eletto Enrico Boselli, vicepresidente Roberto Villetti e coordinatore nazionale Ugo Intini. Il congresso si schierò per l'adesione all'Ulivo, il cartello di centro-sinistra, dichiarando superate posizioni dietrologiche o di puro risentimento e invitando a guardare invece avanti per contribuire alla risoluzione dei problemi del momento[114].

1998   2004

---

114 Organo ufficiale dello SDI era l' *Avanti!* della domenica, fondato nel 1998 e diretto da Carlo Correr. Cessò le pubblicazioni per riprenderle nel 2010 come organo del PSI, con direttore Dario Alberto Caprio. Ha cessato definitivamente le pubblicazioni col n. 34 del 6-10-2013. Organo del PSI da allora è diventato lo storico quotidiano *Avanti!* (online).

La prima prova che il nuovo partito dovette affrontare fu un'importante scadenza elettorale: le elezioni amministrative del 24 maggio 1998 in centinaia di comuni. Lo SDI ne uscì a testa alta ottenendo un po' dovunque significativi risultati.

Il 20 giugno successivo il concorrente più diretto dello SDI, il PS, per bocca del suo leader De Michelis, annunciò, in prossimità del II congresso nazionale, che sarebbe stata inviata a Bettino Craxi la tessera numero uno del partito.

Il 4 e 5 luglio 1998, presso l'hotel *Ergife* di Roma si svolse dunque il congresso del PS, cui presenziarono i maggiori esponenti craxiani puri del PSI: Giusy La

Ganga[115], Margherita Boniver, Fabrizio Cicchitto, Bobo Craxi[116], Giulio Di Donato[117], Paris Dell'Unto[118].

Ospiti d'onore del congresso furono l'ex Presidente della Repubblica e leader dell'UDR[119] Francesco Cossiga e il leader di Forza Italia e del centro-destra Silvio Berlusconi. Cossiga definì Craxi l'*uomo che fu mio collaboratore politico e di cui ricordo le doti di lealtà;*

---

115 Giusy La Ganga (n. 1948), dottore in Scienze Politiche, aderì al PSI nel 1965, rimanendoci fino allo scioglimento. È stato segretario del PSI torinese, deputato (1979-1994), membro della Direzione e dell'Esecutivo del PSI. In seguito promosse l'associazione *Politica-Socialisti per il partito democratico.*

116 Bobo Craxi (n. 1964) è figlio di Bettino. È stato presidente della Lega Socialista (2000-01), del Nuovo PSI (2001-02), leader de „I socialisti" (2006-07), presidente de „I socialisti Italiani" (2007-08) e dei „I socialisti Uniti" (2009-10). È stato consigliere e segretario cittadino del PSI di Milano. Fu tra i fondatori del PS-Nuovo PSI, collocato nel centro-destra, che successivamente abbandonò, approdando infine al PSI di Nencini. È stato deputato (2001-06) e sottosegretario agli Esteri nel governo Prodi.

117 Giulio Di Donato (n. 1947), ex consigliere e vicesindaco di Napoli, è stato deputato del PSI dal 1983 al 1994.

118 Paris Dell'Unto (n.1936), ingegnere, è stato deputato del PSI per tre legislature (1979-1992).

119 L'UDR (Unione Democratica per la Repubblica) era un movimento politico di centro, sorto nel febbraio 1998, ispirato all'ex Presidente della Repubblica Francesco Cossiga, che ne fu presidente onorario.

Berlusconi parlò anch'egli dell'*amico Bettino Craxi, che ho avuto l'onore di avere come mio testimone di nozze e come padrino di due dei miei figli*:Ambedue riscossero scroscianti applausi. Il congresso fece la sua scelta, quella di partecipare alla federazione di centro con Berlusconi, e dunque di stare nella coalizione di centro-destra, senza tuttavia rinunciare a chiedere l'adesione all'Internazionale Socialista e al PSE. La replica dello SDI non si fece attendere: *Non si è mai visto un partito socialista che sta con la destra. De Michelis si è alleato con Fini, ma i socialisti non potranno mai allearsi con gli eredi dei fascisti.*

Lo SDI poté inoltre ripristinare la festa dell'*Avanti!*, che ebbe luogo a Bologna dal 23 al 31 luglio dello stesso anno[120].

Nonostante le diversità sempre più profonde fra le due anime della diaspora socialista, forse incoraggiato dalla caduta del governo Prodi[121] e dalla successiva

---

120 Il quotidiano socialista, in forte crisi finanziaria, era stato chiuso alla fine del 1993. Una complicata vicenda riguardante la storica testata socialista si concluse il 5-11-2011, quando il commissario liquidatore dott. Francesco Spitoni firmò la cessione definitiva del marchio originale *Avanti!*, *irrevocabilmente e in via esclusiva*, al PSI con segretario Riccardo Nencini nella persona del tesoriere Oreste Pastorelli.

121 Il governo Prodi cadde il 9-10-1998 in seguito ad una mozione di sfiducia approvata dalla Camera con 313 voti contro 312. La

formazione del governo D'Alema, che registrò il ritorno dei socialisti al governo[122], Ugo Intini, da sempre animato da spirito unitario, il 31-10 1998 lanciò la sua proposta di una lista unica SDI-PS alle future europee. Occorreva – a suo avviso - *recuperare il solo gruppo separato rimasto, quello di De Michelis, per presentare un'unica e forte lista socialista.*

Il sogno unitario di Intini fu presto infranto dal PS, che preferiva l'alleanza col centro-destra e quindi con la destra di AN, come avvenne per le elezioni provinciali di Roma del 29-11-1998, in conseguenza delle quali, per protesta, il 9-1-1999, lasciarono il PS di De Michelis tre importanti dirigenti[123]. Ma il terzo congresso del PS (Roma, 10-11 aprile 1999) approvò le scelte di De Michelis e lo riconfermò segretario. Non tutti però

---

crisi aveva avuto origine nel passaggio all'opposizione di Rifondazione Comunista.

122 Nel governo D'Alema, successo al governo Prodi, lo SDI ebbe un ministro (Angelo Piazza alla Funzione Pubblica) e due sottosegretari (Alberto La Volpe agli Interni e, dal 4-8-1999, Gianfranco Schietroma alle Finanze).

123 Paris Dell'Unto, membro della Direzione Nazionale; Gianfranco Redavid, membro della Direzione Nazionale, presidente del Comitato Regionale ed ex consigliere comunale ed assessore di Roma; Giulio Bonavolontà, vicesegretario del Comitato Provinciale romano. Nello stesso periodo la deputata Tiziana Parenti, ex magistrato, proveniente da FI e poi dall'UDR, passò allo SDI.

condivisero quelle scelte, se Bobo Craxi accetterà di candidarsi nelle liste dello SDI[124]. Tanto più che al congresso del PSE (di cui lo SDI faceva parte e il PS no), in corso a Milano, il 1° marzo 1999, Boselli tentò una riabilitazione politica di Bettino Craxi: *Il PSI non era un'associazione a delinquere, Craxi non era il capo di una banda*[125].

I due partiti che si rifacevano al vecchio PSI, lo SDI di Enrico Boselli e il PS di Gianni De Michelis andarono dunque alle elezioni europee del 13 giugno 1999 separatamente e con diverse collocazioni politiche.

---

124 Il 31-1-1999 Boselli si recò in Tunisia per incontrare Bettino Craxi, cui illustrò il suo progetto di riunire tutti i socialisti in occasione delle elezioni europee di giugno, spiegandogli che *in Italia un partito socialista può rinascere, ma solo in una logica di centro-sinistra*. Craxi diede il suo benestare alla candidatura del figlio Bobo nello SDI.   Bobo Craxi fu presentato nella circoscrizione dell'Italia meridionale e si classificò subito dopo il segretario.

125 Al congresso erano presenti Tony Blaire, Lionel Jospin e Gerard Schroeder. Boselli era convinto di aver *riaperto il caso del PSI*, ma le reazioni dei vertici del PSE furono piuttosto fredde. Rudolf Scharping, presidente del PSE, disse: *Craxi non è un problema europeo e nessuno è interessato a discutere gli aspetti sollevati da Boselli*. E Francois Vallin, segretario: *Non sostituiremo mai la magistratura italiana. Questo è un congresso, non un collegio giudicante*.

Lo SDI ottenne il 2,16 % dei voti e due eletti: Enrico Boselli, leader del partito, e Claudio Martelli, direttore di MondOperaio. Il PS si fermò allo 0,14 % e non ottenne nessun seggio.

I risultati del tutto deludenti conseguiti dal PS alle europee e alle contemporanee amministrative e l'indiscutibile successo conseguito invece da F. I. [126], convinsero Fabrizio Cicchitto[127] e Margherita Boniver[128] che l'unica alternativa ai DS era Forza Italia e, per conseguenza, lasciarono, il 22 giugno 1999, il PS per il partito di Berlusconi, probabilmente l'erede più accreditato del craxismo, almeno considerati i flussi elettorali [129].

Il 27 ottobre dello stesso anno lo SDI raggiunse un'intesa, che sarà definita *il Trifoglio* con il PRI di Giorgio La Malfa e l'Unione per la Repubblica di

126 Il 25,16% dei voti e 22 parlamentari sugli 87 spettanti all'Italia nel Parlamento Europeo.

127 Cicchitto nel luglio 1999 divenne membro del Comitato di Presidenza di F.I. e responsabile del Dipartimento nazionale „Lavoro e relazioni sindacali".

128 Boniver è stata Dirigente nazionale del Dipartimento „Immigrazione ed Emergenze umanitarie" di F.I.

129 Altri craxiani militano attualmente in FI, come Renato Brunetta e Franco Frattini. F.I. ha assorbito buona parte dell'elettorato ex socialista del periodo craxiano.

Francesco Cossiga, con l'intento di costituire una specie di gamba moderata dell'*Ulivo*.

Il congresso dello SDI che si svolse a Fiuggi dal 10 al 12 dicembre 1999, assunse però una posizione critica verso il governo D'Alema, in quanto riteneva che un'eventuale leadership di quest'ultimo alle future elezioni politiche avrebbe provocato una sicura sconfitta, come stavano anche a dimostrare i risultati delle recenti elezioni europee. Insomma si riteneva che, se si voleva validamente competere con il Polo berlusconiano, era opportuno che la coalizione di centro-sinistra non fosse guidata da un postcomunista. Il congresso dunque adottò la decisione di uscire dal governo e di assumere una posizione di astensione.

Il 13-12-1999 il *Trifoglio* aprì dunque la crisi di governo, il quale il 18 successivo si dimise, per ricostituirsi, come governo D'Alema II, quattro giorni dopo, ma senza la partecipazione del Trifoglio che, al momento del voto di fiducia parlamentare, gli concesse solo l'astensione[130].

Il 19-1-2000 morì ad Hammamet Bettino Craxi. La sua forte personalità aveva caratterizzano un'epoca del

---

130 L'intesa fra i tre partiti avrà termine il 6-2-2000, per la propensione dell'UPR e del PRI ad allearsi col centro-destra, opzione naturalmente non condivisa dallo SDI.

socialismo italiano e della storia contemporanea d'Italia.

Unificazioni a destra

Alle elezioni regionali del 16-4-2000 parteciparono sia lo SDI, che elesse 23 consiglieri regionali, che il PS, che in quella occasione si presentò col nome Partito Socialista-Socialdemocrazia, avendo aderito al suo progetto[131] anche il movimento „Rinascita Socialdemocratica" di Luigi Preti; la lista ottenne 2 seggi.

Il centro sinistra uscì invece piuttosto male da quelle elezioni e il governo D'Alema II rassegnò le dimissioni, lasciando il posto ad un nuovo governo di centro-sinistra presieduto dal socialista indipendente Giuliano Amato (25-4-2000/11-6-2001). Lo SDI entrò a pieno

---

131 Senza mai però arrivare a fondersi.

titolo nel governo con un ministro[132] e due sottosegretari[133].

La fine del *Trifoglio* e il comune sostegno al governo guidato da uno storico leader socialista, quale era Amato, favorirono il clima di riavvicinamento tra lo SDI e i DS, tenuto anche conto che le residue divergenze riguardavano più il giudizio sul recente passato, che non il presente, al di là di qualche dissenso contingente, poiché ambedue le formazioni ormai appartenevano, anche organizzativamente, all'area del riformismo progressista europeo, essenzialmente rappresentata dall'Internazionale Socialista, di cui D'Alema di lì a poco (2003) sarà eletto vicepresidente

Circa un mese dopo, precisamente il 10 maggio 2000, un nuovo sussulto rimescolò ancora una volta le sempre agitate acque del socialismo italiano. Bobo Craxi, leader dal 1998 della corrente interna allo SDI denominata „Lega Socialista", lasciò il partito di Boselli e trasformò la sua corrente in partito indipendente, che mantenne lo stesso nome, di cui divenne presidente, affiancato da un Comitato di Coordinamento. Il nuovo movimento si proponeva di rilanciare e tenere vivi i principi politici del PSI craxiano, tendenzialmente contrario al centro-sinistra e ai DS in particolare; La

---

132 Ottaviano Del Turco alle Finanze.

133 Ugo Intini agli Esteri e Gianfranco Schietroma agli Interni.

Lega Socialista era propensa piuttosto a creare le premesse per la costituzione di un nuovo soggetto politico socialista alternativo allo SDI e alla sua politica di adesione al centro-sinistra, per giunta sconfitto da Berlusconi alle recenti regionali, per aprire poi la strada ad una esplicita adesione al „Polo delle Libertà" di centro-destra.

Il 26 maggio 2000 si tenne, al Centro Congressi di Roma, un'Assemblea Nazionale[134] avente finalità organizzative e di lancio del movimento. Il suo simbolo era assai simile a quello usato dal PSI nel 1985, con la differenza che il gambo del garofano non era verde, ma nero.

Un'altra Assemblea, a carattere regionale, fu tenuta a Napoli, al *Maschio Angioino*, il 20 giugno successivo, sull'impegnativo tema *I socialisti verso la costituzione del nuovo PSI con riformisti, laici, liberali e libertari per costruire la Sinistra delle libertà*.

---

134 L'Assemblea era stata preceduta da una conferenza stampa , tenuta all'*Hotel Nazionale* il 1° febbraio 2000, allo scopo di *rilanciare l'autonomia socialista*.

Il 7 luglio approdò alla Lega di Bobo Craxi, seguito da un gruppo di „autonomisti ex SDI"[135], l' ex vicesegretario di suo padre ed ex ministro, Claudio Martelli, eurodeputato eletto nelle liste dello SDI, lasciato contestualmente alla direzione di *MonOperaio*[136]. L'intendimento dei due leader era abbastanza chiaro: costruire una forza unitaria socialista autonoma con lo SDI, che si sarebbe dovuto staccare dall'alleanza di centro-sinistra, e con la prospettiva di avviare un confronto con Forza Italia e La Casa delle Libertà. Su questo terreno si incontrarono con le posizioni da tempo assunte dal PS e dal suo segretario De Michelis, confermato al IV congresso del suo partito (Roma, 19-20-1999).

Questo processo unitario sarebbe partito da una grande *convention*, fissata per il 14 luglio 2000, e si sarebbe concluso il 19 gennaio del 2001, anniversario

---

135 Fra cui Mauro Del Bue.

136 La prestigiosa rivista teorica del PSI, fondata da Pietro Nenni nel 1948, aveva sospeso le pubblicazioni nel 1994, a causa della crisi finanziaria del partito. Venne di nuovo pubblicata, a partire dal 1998, dallo SDI, sotto la direzione di Martelli. A Martelli, dimessosi nel 2000, subentrò Luciano Pellicani, fino al 2008; dal 2009 nuovo direttore è Luigi Covatta. Del comitato di redazione fanno parte, fra gli altri, Gennaro Acquaviva, Salvo Andò, Alberto Benzoni, Simona Colarizi, Giuseppe Tamburrano. Dal 2007 *Mondoperaio* è la rivista ufficiale del PS/PSI di Nencini.

della morte di Bettino Craxi. In quel giorno la Lega di Bobo e il PS di De Michelis avrebbero riportato in vita la gloriosa sigla del PSI.

Osservazione di Intini: *Ma si inizia il confronto per arrivare a qualcosa e risulta chiarissimo che andranno con il Polo.*

Per Martelli *lo SDI era nato con lo scopo di ricostruire posizioni comuni delle anime socialiste, ma Boselli ha decretato la fine di questa esperienza quando pensa di cancellare la propria identità con innaturali alleanze. Con questa linea lo SDI si smarrirà, è destinato a finire.*

Ma Boselli precisò: *Mi dispiace, ma la casa dei socialisti si è sempre collocata a sinistra e nessuno può pensare di ricostruirla in uno schieramento di centrodestra. D'altra parte ciò non avviene con nessun altro partito socialista in Europa e nel mondo.*

Un'altra facile osservazione di Intini: *Si è fatta chiarezza dentro al partito, adesso i militanti capiranno che da tempo aveva quell'idea. Poi va via proprio adesso che Amato guida il governo e per noi socialisti la situazione è migliore rispetto rispetto al governo D'Alema.*

Il 14 luglio, data che evocava la presa della Bastiglia e l'inizio della rivoluzione francese, ebbe luogo, alla Fiera di Roma, quella che fu detta la *giornata dell'orgoglio socialista* per lanciare la Costituente che avrebbe concluso il suo cammino a Milano il 19 gennaio del 2001.

Alla presidenza del convegno, a cui parteciparono oltre 700 craxiani di varia scuola, sedevano i due figli di Bettino, Stefania e Bobo, Claudio Martelli e Gianni De Michelis.

In un clima politico intriso di nostalgica commozione per la recente scomparsa di Bettino Craxi, il tema prevalente del convegno fu quello di chiamare a raccolta tutti i socialisti per uscire dal centrosinistra, stare il più lontano possibile dai *postcomunisti* per iniziare il dialogo con Forza Italia, erede di metà del pentapartito. Fu siglata, da De Michelis e Martelli, l'alleanza fra PS e Lega Socialista. In sala non mancavano i pezzi grossi dell'epoca craxiana, chi per partecipare, chi per assistere: l'ex sindaco di Milano Paolo Pillitteri, cognato di Craxi, Giusy La Ganga, Alma Cappiello, Paris Dell'Unto, Mauro Del Bue, Elena Marinucci, Salvo Andò, Vincenza Bono Parrino, ex ministra socialdemocratica, Giulio Di Donato, ex vicesegretario del PSI, Mario Rigo, ex sindaco di Venezia (1975-1985), il politologo Gianni Baget-Bozzo.

Slogan della manifestazione: *Perché quello che è accaduto a noi non succeda più per nessuno.*

Per i cugini dello SDI, che stavano dall'altra parte c'era qualche appello: *Vogliamo riunire tutte le anime in una sola casa*, disse De Michelis. Boselli rispose: *La casa c'è già ed è lo SDI.* E, a commento dei proclami filoberlusconiani, aggiunse: *Non c'è niente da fare: i socialisti sono sempre stati nella sinistra: parlano la tradizione, la storia e la memoria.*

E Intini precisò: *Il PSI-PSDI del 2000 c'è già, è una casa comune che fa politica non soltanto con i rancori.*

Il congresso di „rifondazione" del vecchio PSI, cioè il congresso costituente del Partito Socialista-Nuovo PSI, questa la denominazione che assunse la nuova formazione, si tenne puntualmente il 19 gennaio 2001 al *Palavobis* di Milano, alla presenza di circa 800 delegati e all'insegna della commozione, per quella che era considerata la resurrezione del vecchio partito socialista di Craxi, distrutto dalla cosiddetta *congiura giudiziaria* in una con gli ex o post comunisti. Fra i presenti, oltre a quelli aderenti alla Lega Socialista e al PS, c'erano anche elementi nuovi, come Claudio Nicolini[137]. Accoglieva i partecipanti un motto: *il*

---

137 Claudio Nicolini (n.1942), biofisico e docente universitario di Fisica sperimentale e di Biofisica, nel 1984 era stato nominato Consigliere scientifico del governo Craxi. Nel 1986 aderì al PSI, che lasciò nel 1992 per aderire al Patto Segni. Al congresso del NPSI del dicembre 2001 entrò a far parte della segreteria nazionale del partito. Nel successivo congresso dell'aprile 2003, però, non condividendo più l'alleanza con la Casa della Libertà, lasciò il NPSI, con la sua corrente „Socialismo è libertà". Successivamente aderì allo SDI, nel cui esecutivo nazionale

socialismo vive nelle libertà, che in qualche modo evocava la *Casa delle libertà* del centrodestra, che si apprestava, stando agli ultimi risultati a riacciuffare il potere, mentre riecheggiavano le parole dell'inno del nuovo partito: *Rinasce un fiore dalle ferite, un fiore glorioso e mite*[138].

La scelta di campo, viste le premesse e il clima nostalgico e rancoroso del congresso, era scontata, pur con qualche precisazione: Bobo Craxi chiarì come doveva intendersi l'alleanza col centro-destra: *un fronte ampio e plurale, dove convivono anime diverse della sinistra e della destra democratiche italiane*; De Michelis precisava che noi *portiamo in dote alla Casa delle Libertà il valore aggiunto della nostra cultura di governo. Certo nelle parole del nostro maggiore alleato troviamo della sufficienza, ma non dobbiamo reagire invocando la nobiltà della nostra tradizione politica. Il rispetto nei nostri confronti dovremo guadagnarcelo con il lavoro e la qualità della nostra proposta*

entrò nel febbraio 2006.

138 L'inno – parole e musica di Mauro Del Bue – è intitolato *Rinasce un fiore*.

politica. La scelta del gruppo dirigente dovette superare qualche incomprensione, ma alla fine si raggiunse un accordo: una direzione a quattro con Bobo Craxi presidente, Gianni De Michelis segretario del partito, Claudio Martelli portavoce e Roberto Spano[139] amministratore, la quale avrebbe traghettato il partito fino a un nuovo congresso da tenersi in autunno, in cui sarebbe stata scelta una nuova leadership.

Le parole di De Michelis conclusero, fra gli applausi, la prima giornata: *Dopo anni di silenzio noi rimetteremo il nostro nome e il nostro simbolo nelle schede elettorali per tornare ad avere i socialisti in Parlamento. Boselli invece affiderà il suo destino a qualche vegetale, a qualche girasole che troverà per strada.* Il riferimento polemico era rivolto alle trattative in corso tra lo SDI e i Verdi, per poter superare assieme la soglia del 4 % prevista dalla legge elettorale per la quota proporzionale. Lo stesso problema aveva il PS-Nuovo PSI.

La seconda ed ultima giornata fu dominata dal discorso del leader della Casa delle Libertà Berlusconi, che sancì il patto tra la nuova formazione e il centro-destra e assicurò ai socialisti del garofano una rappresentanza parlamentare, pur lasciando aperta la questione delle candidature, di cui si sussurrava che alcune non erano gradite alle forze maggiori del centro-destra.

---

139 Roberto Spano (n. 1935) è un ex senatore del PSI (1983-1992).

Importante fu pure la presenza della figlia di Bettino, Stefania Craxi[140], tutta protesa nella missione di *lavorare alla fondazione intitolata a mio padre il cui compito è quello di restituire alla verità la storia di Bettino Craxi, perché la sua figura riprenda il posto che gli spetta nella storia di questo Paese, il Paese che egli amava più di se stesso e che lo ha costretto all'esilio e alla morte.* Un'altra presenza applauditissima fu quella di Chiara Moroni (n.1974), la figlia del deputato socialista[141] che si era suicidato nel settembre 1992 dopo aver ricevuto un avviso di garanzia.

A chiudere la giornata ci aveva pensato Martelli, poco prima, osservando, in polemica con l'altra sigla che veniva dalla diaspora socialista, lo SDI di Enrico Boselli, che quell'esperienza era ormai conclusa, poiché *non è possibile costruire una nuoca casa dei socialisti all'ombra egemonica, ipocrita e persecutoria dei DS.* E De Michelis alla stampa: *Avete visto voi stessi che con questo*

---

140 Stefania Craxi (n. 1960), imprenditrice televisiva, non aderì al NPSI, preferendo dedicarsi alla tutela della memoria del padre, sia con la *Fondazione Craxi*, che con numerose altre iniziative. Nel 2006 venne eletta deputata con Forza Italia e riconfermata nel 2008. È stata sottosegretaria agli Affari Esteri nel governo Berlusconi IV (2008-2011). Nel 2011 promosse la formazione del movimento dei Riformisti Italiani per sostenere una modifica della Costituzione in senso presidenziale.

141 Sergio Moroni (n. 1947) già consigliere e assessore regionale lombardo, eletto deputato nel 1987 e nel 1992.

congresso è nato un vero, grande partito. Noi ora puntiamo a ottenere alle elezioni il 4 per cento.

Questi i principi su cui il PS-Nuovo PSI dichiarava di basarsi:

> Il Partito Socialista-Nuovo PSI si richiama alla tradizione ideale e politica del socialismo italiano , europeo e internazionale ed è organizzazione giuridica e patrimoniale autonoma e distinta da altra di tradizione e denominazione comunque definita. Il socialismo è ideale inseparabile dalla democrazia e dalle libertà politiche, civili e religiose. Nella linea della tradizione autonoma e riformista il Partito Socialista Nuovo PSI sviluppa la propria azione adeguandola all'evoluzione dei tempi e dei rapporti sociali al fine di realizzare la piena ed effettiva partecipazione dei cittadini alla direzione della società, dello Stato nazionale e delle istituzioni europee.

(Dall'art. 1 dello Statuto del PS-Nuovo PSI).

Restava il problema dei collegi e dei veti che qualcuno nella Casa delle Libertà – si diceva – avesse posto nei confronti di alcuni personaggi della „Prima Repubblica.

Movimenti

Le idee camminano con le gambe degli uomini.
(Pietro Nenni)

La vittoria del centro-destra

Alla fine i neo-craxiani del PS-NPSI,ormai inserito
nello schieramento guidato da Berlusconi, ebbero
riservati alcuni collegi sicuri nel maggioritario, mentre
per la quota proporzionale decisero di correre da soli
col proprio simbolo e con liste proprie, due delle quali
capeggiate da De Michelis e Martelli, nella speranza di
raggiungere la fatidica soglia del 4 per cento.

Anche la coalizione di centro-sinistra, *L'Ulivo*, si
preparava ad affrontare le elezioni politiche del 13
maggio 2001 ed aveva designato candidato a premier
Francesco Rutelli, ex sindaco di Roma. Lo SDI faceva
parte della coalizione e doveva affrontare, per la quota
proporzionale lo stesso problema del PS-NPSI: il
superamento dello sbarramento del 4 per cento. Perciò,
dopo alcuni mesi di trattative, addivenne ad un accordo
coi Verdi, guidati da Grazia Francescato, secondo cui al

proporzionale i due partiti si sarebbero presentati assieme, sotto un unico simbolo: il *Girasole*, equamente diviso tra il „sole che ride" ambientalista e la „rosa del socialismo europeo"

Il progetto de *Il Girasole* venne presentato il 26 febbraio 2001 da SDI e Verdi, alla presenza di Rutelli, che si trovò così ad essere appoggiato da... tre piante: la Quercia (DS), la Margherita (ex Popolari ed ex Democratici) e il Girasole (SDI e Verdi). Il 6 marzo fu presentato il nuovo simbolo.

Il 1° aprile si tenne la conferenza programmatica del nuovo soggetto politico, ispirato alla coalizione rosso-verde tedesca.

I cugini del PS-NPSI, a loro volta, superate le tensioni interne, dovute a certi „no" alle vecchie facce, fra chi non voleva abbandonare la Casa delle Libertà e chi avrebbe preferito correre da soli, raggiunsero un accordo che garantiva ai socialisti del garofano 12 candidature nel maggioritario, tra Camera e Senato. Così lo commentò De Michelis: *Certo l'intesa è forse insoddisfacente, ma l'importante era raggiungere i due obiettivi che ci eravamo posti: ripresentare il simbolo del garofano sulla scheda e sconfiggere il cosiddetto centro-sinistra.*

La risposta delle urne fu quanto mai chiara: il centro-destra conquistò il 45,57 % dei voti (contro il 43,15 % andato al centro-sinistra) e Berlusconi, i cui *slogan* (meno tasse, più sicurezza, più federalismo, più infrastrutture) avevano fatto breccia nell'elettorato, ritornò al governo[142] del Paese.

Nessuno dei due partiti della diaspora socialista raggiunse il *quorun* e quindi non ebbero accesso alla ripartizione dei seggi della quota proporzionale; le urne assegnarono al PS-NPSI appena lo 0,95 %, assestando un duro colpo alle speranze di quel partito e suscitando forti malumori al suo interno, mentre il Girasole, nonostante l'alleanza tra SDI e Verdi, si fermò al 2,17 %, e di conseguenza il cammino unitario si interruppe quasi subito.

---

142 Il Nuovo PSI vi fu rappresentato da Stefano Caldoro, sottosegretario all'Istruzione, Università e Ricerca.

Diversamente andarono le cose nel maggioritario. Lo SDI ebbe 15 eletti: 9 deputati[143] e 6 senatori[144]; al PS-NPSI andarono 3 deputati[145] e 1 senatore[146].

Subito dopo le elezioni si aprì, all'interno dei due fratelli separati e collocati su opposte sponde, un'approfondita riflessione sui risultati elettorali.

Lo SDI, facente parte della coalizione sconfitta la fece nel suo Consiglio Nazionale riunito all'*Hotel Palatino* di Roma nei giorni 14 e 15 luglio 2001 per fare il punto della situazione e decidere la strategia futura. Le cause della sconfitta, dell'Ulivo e dello SDI – emerse - andavano ricercate nei limiti culturali della sinistra, nella sua incerta maturazione, nelle sue divisioni interne. Ne venne fuori anche un'ipotesi di unione fra DS, SDI e PdCI[147], con leader Giuliano Amato. Si aprì

---

143 Giuseppe Albertini, Enrico Boselli, Enrico Buemi, Enzo Ceremigna, Lello Di Gioia, Franco Grotto, Ugo Intini, Domenico Pappaterra, Roberto Villetti.

144 Tommaso Casillo, Giovanni Crema, Ottaviano Del Turco, Gerardo Labellarte, Maria Rosaria Manieri, Cesare Marini.

145 Bobo Craxi, Vincenzo Milioto, Chiara Moroni.

146 Francesco Antonio Crinò.

147 Il PdCI (Partito dei Comunisti Italiani) era sorto l'11-10-1998 da una scissione dell'ala destra di Rifondazione Comunista, in seguito alla crisi del governo Prodi, cui RC aveva deciso di ritirare la fiducia.

anche una discussione sui possibili errori del partito e sul futuro del riformismo italiano, la quale ebbe come sbocco la convocazione del II Congresso nazionale, previsto per il febbraio del 2002.

La discussione all'interno del PS-NPSI fu assai più animata , specialmente fra le due anime che fin dalla fondazione allignavano all'interno del partito: quella di De Michelis, appoggiata da Stefania Craxi, corrente che ormai era legata, anche psicologicamente, al Polo e al suo leader Berlusconi, vecchio amico di Bettino Craxi, e quella di Martelli, più autonoma, sostenuta anche da da Bobo Craxi e da Roberto Spano dell'Ufficio di Presidenza del partito: essa guardava ai radicali e sembrava non disdegnare un riavvicinamento al centro-sinistra. Le due correnti, impersonate, una da Claudio Martelli (portavoce) e da Bobo Craxi (presidente) e un'altra da Gianni De Michelis (segretario), arrivarono allo scontro e già alla fine di giugno annunciarono, ciascuno per conto suo, la convocazione del II congresso del partito con lo stesso nome e lo stesso simbolo.

Il primo, quello di Martelli, avrebbe avuto luogo al *Midas*[148] di Roma dal 14 al 16 dicembre 2011, secondo lo slogan *Autonomia e unità socialista*. Non siamo ancora

---

148 Al *Midas*, nel 1976, aveva preso avvio l'era Craxi, eletto segretario in sostituzione di De Martino.

all'intesa con l'Ulivo; ma col Polo, disse Bobo, *avevamo un'alleanza elettorale, oggi il rapporto è esaurito*. Il congresso dell'ala parallela di De Michelis e Del Bue avrebbe invece avuto luogo il 15 e 16 dicembre all'*Ergive*[149]. De Michelis, nonostante le nuove divisioni, sentiva *un gran risveglio socialista*. Nella sua relazione del 15 dicembre egli volle sottolineare che *il garofano è ritornato sulle schede elettorali*, per cui *il tentato genocidio non ha avuto l'esito sperato*. Ammise che il risultato elettorale era stato *modesto*, ma comunque tale da poter *continuare a lottare per far sì che il garofano torni a rifiorire*. Questo il suo appello: *Dobbiamo ricominciare a fare politica. Anche se siamo un po' arrugginiti dopo questi anni di clandestinità in cui c'è stato negato perfino il diritto di cittadinanza politica. Basta alle beghe interne e alle questioni del passato. Voliamo alto. Dobbiamo andare oltre la rivendicazione nostalgica e la cosiddetta operazione verità.* De Michelis, riconfermato segretario del NPSI che aveva scelto l'alleanza con il centro-destra, volle lanciare ancora un appello, forse per separare i suoi rivali dell'altro spezzone del PS-NPSI: *A Bobo dico che le nostre porte sono aperte. Noi lo rivoliamo tra noi e non per il cognome, ma per lui stesso.*

Intanto chiudeva anche l'altro congresso, con l'elezione all'unanimità di Bobo Craxi e Claudio Martelli

---

149 All'*Ergive* aveva avuto termine l'era Craxi, che in quell'occasione lasciò la segreteria del PSI.

rispettivamente a segretario e presidente del PS-Nuovo PSI. Questo il messaggio finale di Martelli ai congressisti: *Oggi è un giorno di festa. Garantisco tutto il mio impegno insieme a voi per ricostruire la nostra forza, per realizzare con l'unità e l'autonomia socialista una più ampia prospettiva democratica.*

La vicenda doveva però avere una conclusione (provvisoria, si capisce) del tutto diversa da quella che appariva alla fine del 2001, con due partiti con lo stesso nome, con lo stesso simbolo, ma con due segretari diversi.. La convivenza tra Bobo e Martelli dovette incontrare serie difficoltà se un comunicato del 1° maggio 2002 della segreteria del PS-NPSI di Martelli annunciò la decadenza dalla carica di segretario e anche dalla qualifica di semplice militante di Bobo Craxi; il quale, in effetti, si era riavvicinato all'altro PS-NPSI, quello di De Michelis. A Bobo un comunicato rimproverava *la perdurante assenza di ogni iniziativa da segretario* e *dichiarazioni estemporanee del tutto difformi dalla linea del partito e dalle sue stesse prese di posizione congressuali.*

Martelli: *È Bobo ad essersi messo fuori da solo.* De Michelis: *Bobo ci ha ripensato ed è tornato con noi.*

Nascite e rinascite

Dei due NPSI a sopravvivere fu quello di De Michelis, mentre quello di Martelli era destinato a dissolversi[150].

Per quanto riguarda lo SDI, sempre collocato nella sconfitta coalizione di centro sinistra, il periodo passato all'opposizione sarà anche un periodo di riflessione, mentre per la leadership della coalizione emergeva di nuovo la candidatura di Prodi, nel frattempo impegnato nella presidenza della Commissione Europea.

Il dibattito interno allo SDI, tutto incentrato nell'analizzare le cause della sconfitta, individuate nelle insufficienze e nella litigiosità dello schieramento progressista, giunse a compimento nel II Congresso Nazionale che si tenne alla *Fiera di Genova* dal 12 al 14 aprile 2002 e la cui guida fu, ancora una volta, affidata a Boselli, il quale così disse nella sua relazione introduttiva: *Da Genova, questo è il messaggio che vogliamo rivolgere: lavorare, senza esitazione, perché l'Ulivo diventi la Casa dei riformisti.* Infatti, volle ancora sottolineare: *Oggi, superata l'unità politica dei cattolici, assottigliatasi la differenza tra socialisti e liberaldemocratici, affermatasi una*

---

150 Il gruppetto residuo nel marzo 2003 confluirà nell'associazione *Socialismo è Libertà*, presieduta da Rino Formica.

concezione laica della politica, è possibile arrivare all'unità politica dei riformisti.

Il documento approvato a conclusione dei lavori così precisava i principi base del partito:

I socialisti democratici italiani, riuniti a Genova nel secondo congresso nazionale, confermano il loro impegno per la giustizia sociale e la libertà, in coerenza con la tradizione politica che affonda le proprie radici in 110 anni di lavoro per il progresso dell'Italia e dell'Europa. Confermano altresì il loro impegno a favore della pace e della autodeterminazione dei popoli per l'affermazione di tutte le libertà.

Per quanto riguardava più specificamente la linea politica da seguire nel contingente così concludeva:

Il Congresso approva la linea politica proposta dal presidente del partito e recepisce sia i contributi emersi dal dibattito congressuale, sia le osservazioni politiche ed organizzative contenute nei documenti approvati dai congressi regionali. Il Congresso si riconosce nella proposta politica della Casa dei riformisti per superare gli attuali limiti e assetti del centrosinistra, non in grado di rappresentare tutte le culture riformiste, laiche, socialiste e liberali, essenziali a costruire un' alternativa credibile e convincente per battere il centrodestra.

Il processo di costruzione della Casa dei riformisti è l'espressione di una forte iniziativa politica per i socialisti che, con respiro strategico, dovrà trovare il suo approdo nella famiglia del socialismo europeo. Di fronte all'attuale assetto bipolare europeo che impone scelte chiare e coerenti, è dunque necessario lavorare affinché il PSE, espressione del riformismo socialdemocratico, sappia aprirsi all'apporto straordinariamente importante di tutte le componenti del riformismo cattolico democratico, liberaldemocratico e ambientalista, anche attraverso un profondo cambiamento che consenta a tutti di sentirsi pienamente rappresentati e protagonisti.

Era ormai diventato un vezzo assai diffuso tra i socialisti italiani di tutte le scuole, quello di fare riferimento al liberalismo e ai liberali, i quali peraltro, forse per farsi perdonare qualche eccesso della loro dottrina liberista, preferivano ormai farsi chiamare liberaldemocratici.

I moderni socialisti italiani, anziché definirsi semplicemente „socialisti" o „socialdemocratici", termini ormai diventati alternativi, sempre più spesso preferivano dirsi „liberalsocialisti" e, superate vecchie polemiche[151], fare riferimento al pensiero di Carlo Rosselli.

Mentre socialisti, socialdemocratici, social-liberali e liberalsocialisti, laburisti e socialriformisti lanciavano appelli all'unità del socialismo italiano, spappolato e disperso dopo un secolo di storia, e intanto si dividevano, promettendo di... unificarsi, uno dei dirigenti più autorevoli del PSI se ne era stato invece in disparte dal 1994 in poi.

Rino Formica[152] era stato parlamentare dal 1968 e più volte ministro, aveva vissuto l'intero periodo craxiano e il successivo, occupando posizioni di grande prestigio nel partito. Era stato leale col segretario, senza però

---

151 Si veda, in proposito, la critica di Saragat al pensiero di Carlo Rosselli, di cui contestò la tesi centrale costituita dalla presunta opposizione tra marxismo e libertà (Giuseppe Saragat *Rosselli e il socialismo liberale* in *Avanti!* del 10-1-1931).

152 Salvatore (Rino) Formica (n. 1927), laureato in Scienze economiche e commerciali, è stato un esponente di spicco della corrente autonomista del PSI. Nel 1972 entrò nella Direzione Nazionale e nell'aprile 1981 fu eletto vicesegretario del partito. Nel 1992 entrò, assieme a De Michelis, Babbini, Intini e Capria nella segreteria del partito, con segretario Bettino Craxi. Dopo le dimissioni di quest'ultimo, sostenne la candidatura a segretario prima di Martelli e poi di Benvenuto. Dopo lo scioglimento del PSI era rimasto lontano dalla diaspora. Investito dal vento di Tangentopoli, ne era uscito con un'assoluzione con formula piena.

mai scadere nella cortigianeria. È sua, ad esempio, la locuzione *nani e ballerine*, riferita all'Assemblea Nazionale dell'ultimo PSI, plaudente e pletorica, priva di reale potere decisionale, che aveva sostituito il vecchio Comitato Centrale, organo effettivamente rappresentativo del partito[153].

Con l'autorevolezza che gli davano la sua lunga militanza nel partito e il suo personale prestigio, Rino Formica, dopo le elezioni del 2001 decise di uscire dall'isolamento per   partecipare al *lungo e faticoso dibattito* che si era aperto a proposito della „questione socialista". Cominciò dunque a contattare parecchi ex dirigenti socialisti e in poco tempo furono raccolte

---

153 L'importante modifica statutaria fu apportata dal XLIII Congresso (Verona, 11-15 maggio 1984).

L'Assemblea Nazionale sarebbe stata composta da 400 membri, di cui circa 100 di diritto, 200 in rappresentanza delle organizzazioni di partito e 100 col criterio della rappresentanza culturale e sociale. Anche il vecchio C.C. aveva però già perso potere, in seguito alla personalizzazione della politica. Esso nel 1982 aveva raggiunto infatti la rispettabile cifra di 382 membri. Di Formica sono altre colorite ed efficaci affermazioni come la definizione *la politica è sangue e merda* e l'espressione *il convento è povero, ma i frati sono ricchi*, riferita ai problemi finanziari del PSI, in contrasto con lo stile di vita di certi dirigenti.

oltre 300 schede di adesione al suo progetto, con relativo versamento della quota[154].

Il 14 marzo 2003, a Roma, si riunì per la prima volta l'Assemblea dei Fondatori di *Socialismo è Libertà*:

> *È nata un'Associazione libera, laica e socialista per dare la parola al silenzio. Socialismo è Libertà. Non è un partito. È una libera associazione di donne e uomini che intende contrastare la liquidazione silenziosa di una tradizione, di una storia, di una esperienza creatrice. Vuole essere un luogo di raccolta e di riflessione per quanti vogliono reagire a chi, troppo presto e arbitrariamente, ha dato per superato il socialismo e la sua causa. Vuole essere [155]un punto d'incontro per coloro che hanno provato l'indifferenza o l'ostilità di un centrismo rivolto solo alla difesa di un liberismo senza idee e che hanno subito la freddezza e l'inimicizia di una sinistra spesso settaria e altera. Vuole essere scuola di formazione per nuove energie che guardano al futuro e che, senza perdere la memoria, sanno sviluppare un'analisi serena e realistica sulle trasformazioni intervenute che*

---

154 L'atto costitutivo esplicitamente dichiarava lo scopo dell'associazione: *esse tra i promotori del dibattito e del confronto in tutta l'area del centro-sinistra per dare forza e contenuti al riformismo di matrice socialista e laica.*

155 L'associazione „Socialismo è Libertà" nel 2007 parteciperà al processo di costruzione del Partito Socialista.

rendono irripetibili alcune esperienze del passato.
(Dalla lettera di Rino Formica del 17-2-2003).

Erano presenti più di 500 persone. A presiedere l'importante consesso fu chiamato Silvano Veronese[156], coadiuvato da alcuni altri esponenti[157].

Dopo la relazione politica di Formica e vari interventi, in cui fu precisata la naturale collocazione dei socialisti nel centro-sinistra, fu approvato il documento finale di „Socialismo è Libertà", intitolato *Per un'associazione politica laica e socialista,* che così concludeva:

Vogliamo lavorare per una società che riesca a dare a ciascun individuo la massima possibilità di decidere la propria esistenza e di costruire la propria vita. È questa la società dei socialisti.

---

156 Silvano Veronese (n. 1940) è stato un importante dirigente della UIL (Segretario Generale della UILM) e consigliere del CNEL.

157 Rino Formica, Claudio Signorile, Pietro Larizza, Luigi Angeletti, , Claudio Martelli, Donatella Polenti e Daniele Del Bene. Mandarono la loro adesione l'ex comandante partigiano ed ex sindaco di Milano Aldo Aniasi e Guido De Martino, figlio di Francesco, prestigioso ex segretario del PSI.

Fu quindi approvato il Comitato di Coordinamento[158].
Presidente fu eletto, per acclamazione, Rino Formica[159].

Un mese dopo, precisamente dall'11 al 13 aprile 2003, si svolse a Roma il terzo congresso del Nuovo PSI, felice della sua collocazione nel centro-destra al governo, ormai depurato, dopo la separazione da Martelli, da ogni sia pur larvata tentazione di sinistra. Ma esso non fu tuttavia un congresso „tranquillo", come ci si sarebbe potuto aspettare. Già la Direzione del partito del 24 gennaio 2003 aveva dovuto prendere atto che,

---

158 Salvatore Abbruzzese, Luigi Angeletti, Mario Artali, Franco Benaglia, Roberto Biscardini, Francesco Barra, Felice Borgoglio, Rosario Carannante, G. Campagnano, Daniele Del Bene, Leone Delfino, Antonio Foccillo, Pietro Larizza, Guglielmo Loy, Enrico Manca. Claudio Martelli, Claudio Signorile, Roberto Spano, D. Vercesi, Silvano Veronesi (tesoriere).

159 Come aveva precisato lo stesso Formica nella sua relazione introduttiva, *agli aderenti non è posto alcun problema di incompatibilità con l'eventuale appartenenza alle formazioni politiche nate dalla complessa e contraddittoria storia della sinistra democratica, laica e socialista.*

oltre alla blindata corrente De Michelis, era nata una nuova minoranza interna, denominata *Socialismo e Libertà*, facente capo a Claudio Nicolini, uno dei fondatori del PS-Nuovo PSI, della cui Segreteria Nazionale faceva allora parte. Era lo stesso Nicolini a sottolineare[160] *l'ampiezza e la profondità della ormai insanabile divisione in atto nel Nuovo PSI, sorprendente per un partito bulgaramente creato e ancor più bulgaramente gestito.* Nicolini denunciava *atteggiamenti subalterni ed equivoci* nei confronti del governo ed esprimeva il suo dissenso sulla difesa dell'operazione Iraq, attuata dal governo.

Secondo la minoranza, il partito doveva annullare la sua partecipazione diretta ai governi nazionale e locali e comunque prepararsi per arrivare *nelle europee del 2004 alla ricomposizione della diaspora socialista con una nuova classe dirigente cementata da convinzioni, rigore morale e competenza lontana dalle illegittimità della dirigenza attuale del Nuovo PSI.*

Il dissenso era totale e il linguaggio usato era inequivocabile: la scissione era inevitabile.

I 1500 delegati, provenienti da tutta Italia, che l'11 aprile 2003 si riunirono alla *Fiera di Roma* per il III congresso

---

160 In una lettera al direttore del periodico *Le ragioni del socialismo* Emanuele Macaluso, pubblicata nel numero di aprile 2003 della rivista.

del PS-NPSI rappresentavano oltre 34.000 iscritti; il partito poteva contare su una discreta presenza nel territorio: 3 deputati, 1 senatore,1 sottosegretario, 2 assessori regionali, 5 consiglieri regionali, 5 assessori provinciali, 9 consiglieri provinciali, 90 consiglieri comunali, 9 sindaci, 5 vicesindaci, oltre a vari presidenti di comunità montane e ad un certo numero di sindacalisti.

Il congresso confermò De Michelis alla segreteria, con Vincenzo Milioto[161] presidente e Bobo Craxi vicesegretario.

Nell'ottobre 2003 Nicolini fondò il Partito Socialista delle Regioni, di cui divenne segretario, col proposito di perseguire *l'unità dei socialisti*, rimanendo peraltro inascoltato. Di conseguenza rinunciò sfiduciato al recupero della diaspora socialista e, d'intesa con alcuni gruppi socialisti locali di Calabria, Liguria e Sardegna e del Partito d'Azione Liberalsocialista, di matrice rosselliana, fondò la Sinistra Liberalsocialista, con l'obiettivo di creare un grande partito della Sinistra Riformista, Laica, Democratica e Socialista[162]

---

161 Vincenzo Milioto (n. 1949) è stato uno del fondatori del Partito Socialista- Sicilia e del Nuovo PSI. Nel 2001 fu eletto deputato. Nel congresso del NPSI dell'ottobre 2005 si schierò con Bobo Craxi.

162 Il 3-2-2006 la Sinistra Liberalsocialista confluì nello SDI (e quindi nella Rosa nel Pugno) a Fiuggi, in occasione del 4°

La tre giorni congressuale che aveva avuto i suoi momenti culminanti nell'intervento di Stefania Craxi, che aveva portato i saluti della *Fondazione Craxi*, e di Chiara Moroni, oltre che nella replica finale di De Michelis, si concluse con l'elezione per acclamazione di quest'ultimo a segretario del partito e con la riconferma della linea politica di adesione al Polo.

Se la casa del PSI era stata rivendicata da molti eredi o presunti tali, quella socialdemocratica sembrava chiusa da un pezzo, da quando il partito socialdemocratico, guidato da Schietroma[163] era confluito nello SDI. A chiederne la riapertura fu un gruppo di nostalgici socialdemocratici „autonomisti", nel senso che preferivano un PSDI autonomo a quello

---

congresso, ottenendo di essere rappresentata da 11 suoi membri nel Consiglio Nazionale (5-2-2006), 2 nella Direzione nazionale (12-2-2006) e 1 nell'Esecutivo Nazionale (Nicolini, 18-2-2006). Nello SDI essa diede luogo alla componente „Socialisti Liberal per il Partito Democratico", che nel 2008 divenne movimento e come tale confluì appunto nel PD.

163 Sembra che, al momento della confluenza (8-2-1998) il segretario del PSDI non avesse un mandato esplicito del Consiglio Nazionale, ma solo un indirizzo politico generale di centro-sinistra.

che si era diluito nello SDI e in altri schieramenti. Il gruppo trovò un'autorevole guida nell'ex vicesegretario del partito Giorgio Carta[164] e cominciò a rivendicare nome e simbolo del partito, secondo loro mai giuridicamente sciolto. La Direzione del 26-6-2003 decise di convocare, dopo aver effettuato un tesseramento, un congresso nazionale, denominato XXV per continuità col vecchio PSDI, per i giorni dal 9 all'11 gennaio 2004.

Al congresso, che si schierò compatto per una linea riformista conforme alla tradizione socialdemocratica e si dichiarò perciò aderente al centro-sinistra, parteciparono 200 delegati in rappresentanza dei 3500 iscritti. Alla fine dei lavori fu eletto il Consiglio Nazionale e una Direzione di 21 componenti. Segretario fu eletto Giorgio Carta[165] e Presidente onorario Antonio Cariglia.

---

164 Giorgio Carta (n.1938), primario di cardiologia e docente universitario, vecchio socialdemocratico sardo, è stato componente della Direzione Nazionale e dal 1995 vicesegretario nazionale del PSDI fino alla confluenza nello SDI. È stato anche vicesindaco di Cagliari, consigliere regionale e assessore della Regione Sardegna, deputato nazionale (1992) e sottosegretario alle Finanze nei governi Amato e Ciampi. Segretario del ricostituito PSDI (2004), alle elezioni politiche del 2006 sarà eletto deputato nella lista dell'Ulivo. Lasciata la carica di segretario, sarà eletto presidente onorario del PSDI.

Intanto, col congresso di Enna del novembre 2003 il movimento dei Liberalsocialisti, fondato da Andò nel 1998, confluì nello SDI.

---

165 Quando Gianfranco Schietroma, ultimo segretario del PSDI, come tale avente la rappresentanza legale del partito e la disponibilità del suo simbolo, nel luglio 2002 fu eletto nel Consiglio Superiore della Magistratura, essendo per legge tale carica incompatibile con l'attività politica, decadde da segretario del partito. Di conseguenza il vicesegretario nazionale Carta assunse il ruolo di segretario facente funzione e nel XXV congresso del partito venne eletto segretario, divenendo di conseguenza titolare anche dell'emblema. Una sentenza della Corte di Cassazione sancì poi la continuità storico-giuridica del PSDI guidato da Cartia con quello fondato da Saragat nel 1947.

Alti e bassi

Nulla si può sperare dall'alto, tutto dal basso.
(Pietro Nenni)

L'Ulivo e il Polo

Agli inizi del 2004, mentre l'ex vicesegretario del PSI Claudio Martelli annunciava (20-1-2004) il suo ritiro dalla politica attiva, un altro ex vicesegretario[166] del PSI, da tempo assente dalla ribalta della politica italiana, Claudio Signorile[167], vi irrompeva con un pubblico convegno tenuto a Roma il 21 febbraio 2004.

In esso venne proposto un nuovo soggetto politico, che si concretizzò nella costituzione del Movimento di Unità Socialista[168], il cui ambizioso progetto era quello

---

166 Per un caso curioso vari leader di area socialista del momento erano stati vicesegretari del loro partito di provenienza: Boselli (SDI), De Michelis (Nuovo PSI), Formica (Socialismo è Libertà), Carta (PSDI), cui vanno aggiunti appunto Martelli (ala minoritaria del PS-Nuovo PSI) e Signorile (MUS).

di riunificare le tante anime del socialismo italiano[169], in particolare in occasione delle imminenti elezioni europee, che si sarebbero tenute con la vecchia legge proporzionale, consentendo perciò a tutti, e in particolare ai socialisti, di verificare la propria incidenza elettorale, senza essere costretti a schierarsi

---

167 Claudio Signorile (n. 1937), docente universitario di storia moderna e contemporanea, fu segretario nazionale della FGSI fino al 1965. Nel 1972 entrò nella Direzione del partito (segretario De Martino) per la sinistra lombardiana, di cui in seguito divenne il leader. Con l'elezione di Craxi a segretario del partito (1976), divenne vicesegretario assieme a Landolfi, Lauricella e Manca e, nel 1978, vicesegretario unico. Passato all'opposizione, rimase comunque membro della Direzione fino al 1993. È stato deputato per sei legislature, dal 1972 al 1994, e tre volte ministro. Dopo aver fondato Unità Socialista, si presentò assieme al NPSI alle europee, ma successivamente si avvicinò allo SDI ed entrò nella Direzione della „Rosa nel Pugno" (2005).Nel 2007 lasciò lo SDI, per fondare il movimento Alleanza Riformista e successivamente aderì al PD.

168 Molti suoi esponenti provenivano dall'ex sinistra „lombardiana" del PSI. Tra i fondatori c'erano, fra gli altri: Michele Achilli, ex leader della corrente del PSI "Sinistra per l'Alternativa", Beppe Attene (docente universitario, ex Direttore di Cinecittà), Felice Bergoglio (ex segretario giovanile del PSI), Alessio Campione (ex dirigente della Federazione di Palermo del PSI), Paola Caporossi (politologa), Gianfranco Carbone (ex vicepresidente della Giunta Regionale giuliana), Giorgio Cardetti (ex sindaco di Torino ed ex deputato), Pietro Ferrara (ex senatore), Pino Iacino (già consigliere regionale in

con uno dei due poli. Ed infatti l'altro pilastro, oltre l'unità, su cui il movimento si proponeva di basare il suo progetto era quello dell'autonomia. Secondo Signorile *i partecipanti alla campagna elettorale nella lista di Unità Socialista dovranno impegnarsi a sostenere una posizione di unità e di autonomia socialista in continuità con la tradizione del socialismo italiano nella sinistra.*

Calabria), Enzo Leone (ex assessore della Regione Sicilia), Turi Lombardo (ex leader della sinistra socialista siciliana), Antonella Marsala, Antonio Matasso, Vittorio Mazzoni (ex sindaco di Siena), Ennio Pascarella (ex segretario provinciale del PSI di Taranto), Armando Riviera (ex sindaco di Novara), Andrea Saba (economista, ex membro del C.C. del PSI), Angelo Sollazzo (ex deputato), Angelo Tiraboschi (ex deputato).

169 Occorre precisare che non si trattava solo di riunificare socialisti *di sinistra* e socialisti *di destra*, quali erano, ad esempio, i massimalisti e i riformisti di una volta, che avevano una comune matrice ideale, tanto che effettivamente si riunificarono a Parigi nel 1930. Si trattava invece di unificare partiti e movimenti di origine socialista che stavano *nella sinistra*, loro alveo naturale con altri della stessa provenienza, ma collocati *nel centro- destra*, anche accanto alla destra estrema. Una visione chiara in merito sembrava averla solo il PSE, quando escludeva dal suo seno esponenti che valicavano il confine ideale del socialismo, per approdare ad altri lidi che nulla avevano a vedere con esso.

Questo equivoco politico-linguistico sarà alla base di molti fallimenti.

Il suo simbolo era costituito da un sole nascente, circondato da una corona circolare contenente la scritta „Unità Socialista", nella quale era inserito un garofano.

De Michelis e i suoi aderirono con entusiasmo al progetto di lista unica socialista, non mancando di criticare la decisione dello SDI *di rinunciare a riaffermare la propria identità per confluire nella lista Prodi.*

Era accaduto cioè che Romano Prodi, ormai avviato ad una seconda leadership del centro-sinistra, alfine di dar prova di unità e coesione, cose che si erano rivelate assai carenti durante il suo primo governo, con lo sguardo rivolto alle elezioni europee del 12-13 giugno 2004, lanciò la sua proposta a tutti i partiti della sua parte politica di presentarsi con un unico simbolo.

Risposero positivamente all'appello i DS e la Margherita, a cui si aggiunsero il MRE[170] e lo SDI,

---

170 Il Movimento Repubblicani Europei, guidato da Luciana Sbarbati, era nato il 6-1-2001 da una scissione a sinistra del

mentre altri partiti della coalizione si rifiutarono di aderire[171]. „Uniti nell'Ulivo" divenne così il nome della lista promossa da Prodi, che venne annunciata nel febbraio 2004.

Da venerdì 2 a domenica 4 aprile 2004 si svolse al *Palasport* di Fiuggi, il III congresso dello SDI, con la partecipazione di 782 delegati, in rappresentanza di 60.882 iscritti, più altri 100 delegati nominati dalla Commissione Congressuale in rappresentanza del mondo dell'associazionismo e del sindacato e alla presenza di delegazioni di vari partiti, di Giuliano Amato, vicepresidente del PSE, e del capogruppo a Strasburgo Enrique Baron Crespo che così si rivolse ai

---

PRI, il cui congresso aveva deciso di lasciare il centro-sinistra per aderire al centro-destra. Nel febbraio 2011 rientrerà nel PRI.

171 La Federazione dei Verdi e il Partito dei Comunisti Italiani. L'Italia dei Valori rimase fuori per l'opposizione dello SDI.

congressisti: *Dopo Spagna e Francia, adesso tocca all'Italia battere le destre*[172].

Il partito che si riuniva a Fiuggi poteva contare su 17 parlamentari (2 europarlamentari, 9 deputati nazionali, 6 senatori); faceva parte del Partito Socialista Europeo e dell'Internazionale Socialista; aveva riportato, alle ultime amministrative, il 2,8 % alle provinciali e il 3,7 % alle comunali.

Prima dell'inizio del dibattito fu tributato un omaggio a Sandro Pertini[173] e a Giacomo Matteotti[174]. Non mancò qualche frecciata verso i „cugini" alleati con la Destra, come quando Del Turco ricordò che a proposito della sfida per la sindacatura di Roma tra Fini e Rutelli

---

172 Il Partito Socialista Operaio Spagnolo, guidato da José Luis Zapatero era ritornato al governo, in seguito alle elezioni generali del 14-3-2004, in cui aveva ottenuto il 43,27 % dei voti e 164 deputati su 350.

Alle elezioni regionali del 21 marzo 2004 il Partito Socialista francese era ritornato a vincere, conquistando, assieme ai suoi alleati, 20 regioni metropolitane su 22. Segretario del PS era Francois Hollande.

173 L'ex Presidente della Repubblica era morto il 24-2-1990. Era presente in sala la moglie Carla Voltolina Pertini, giornalista ed ex partigiana.

174 Venne trasmesso un video del martire socialista, mentre alcuni brani dei suoi discorsi vennero letti dall'attore Marzio Onorato.

(1993), mentre Berlusconi espresse la sua simpatia per la candidatura Fini, Bettinio Craxi gli disse che *avrebbe votato per Rutelli, perché parlare di un socialista a destra è un ossimoro.*

Il congresso proclamò che il suo obiettivo strategico era quello di realizzare la Casa dei Riformisti e confermò l'adesione alla lista „Uniti nell'Ulivo" e la guida di Enrico Boselli.

Lo stesso giorno dell'inizio del congresso dello SDI, si svolse la prima Assemblea Nazionale del MUS presieduto da Signorile sul tema *I socialisti con i socialisti per un programma europeo.* L'appello, lanciato in prossimità delle elezioni europee e nella prospettiva di una ricomposizione della diaspora socialista, fu subito raccolto dal Nuovo PSI di Gianni De Michelis e Bobo Craxi e si concretizzò nella presentazione di un 'unica lista, denominata „Socialisti Uniti per l'Europa".

Alle elezioni dunque, notiamo con curiosità, i due partiti che facevano riferimento al socialismo si presentavano ciascuno in una lista contenente la parola

„Uniti", ma nella realtà, oltre a essere collocati in due schieramenti alternativi, uno di centro-sinistra e l'altro di centro-desta, erano presenti alle elezioni in due liste concorrenti e nient'affatto unite: lo SDI, assieme ai suoi alleati, nella lista *"Uniti* nell'Ulivo"*, il PS-NPSI e il MUS assieme, nella lista „Socialisti *Uniti* per l'Europa".

Marciavano, ma in direzioni diverse.

La lista più votata risultò essere „Uniti nell'Ulivo" col 31,08 % e con 24 eletti (sui 78 spettanti all'Italia)[175], di cui 2 dello SDI: Pia Locatelli[176] e Ottaviano Del Turco[177], presidente del partito.

I „Socialisti Uniti per l'Europa" (NPSI più MUS) ottennero il 2,04 % dei voti e anch'essi due eletti: Gianni De Michelis e Alessandro Battilocchio[178], entrambi del

---

175 Seguivano FI col 20,93 % e 24 eletti e AN con l'11,49 % e 9 eletti.

176 Pia Locatelli (n. 1979), laureata in lingue e in economia, iscritta al PSI dal 1973, è stata consigliere comunale di Bergamo, presidente dell'Internazionale Socialista Donne (1999-2012) e poi presidente onoraria della stessa. Nel 2013 è stata eletta alla Camera di deputati.

177 Ottaviano Del Turco lascerà il suo incarico di parlamentare europeo (1-5-2005) dopo la sua elezione a Presidente della Regione Abruzzo. Gli subentrerà (24-5-2005) Vincenzo Lavarra dei DS.

178 Alessandro Battilocchio (n. 1977), laureato in Giurisprudenza e in Scienze Politiche è stato assessore (a 18 anni) e sindaco (a 23 anni) del Comune di Tolfa, dal 2001 al 2011.. Era componente

PS-Nuovo PSI[179]. L'apporto decisivo al soddisfacente esito elettorale venne dai risultati conseguiti nella Regione Calabria, dove la lista superòil 7 %, grazie al decisivo apporto del gruppo facente capo a Saverio Zavettieri[180]

Questa la lettura dei risultati da parte del MUS, il cui leader Signorile non era stato eletto[181]:

del Consiglio Nazionale e della Segreteria del PS-NPSI, di cui è stato anche vicesegretario nazionale dal 2006 al 2008. . Nel Parlamento europeo eletto nel 2004 era il più giovane deputato. Successivamente ha aderito a FI.

179 Entrambi faranno parte del gruppo parlamentare dei "Non iscritti".

180 Saverio Zavettieri (n. 1942), ex segretario generale della CGIL in Calabria fu eletto deputato del PSI nel 1982, nel 1987 e nel 1992, Nel 2000 aderì al PS-Nuovo PSI. Nel 2005, al V congresso del partito si schierò assieme a Bobo Craxi, per l'uscita dalla Casa delle Libertà, aderendo al centro-sinistra ed entrando quindi nello SDI. Contrario alla Rosa nel Pugno, fondò, assieme a Bobo Craxi, nel 2006, „I Socialisti", collegati al centro-sinistra. La lista si trasfomò in partito nel 2007 e Zavettieti ne divenne segretario. Partecipò poi alla Costituente socialista. In dissenso con la gestione Boselli, nel 2009 promosse una nuova aggregazione politica, detta „Socialisti Uniti-PSI". In seguito confluirà ne „I Riformisti" di Stefania Craxi.

181 Nella circoscrizione „Centro", Signorile aveva ottenuto solo 7100 voti di preferenza, mentre il ventisettenne Alessandro Battilocchio, sovvertendo tutti i pronostici, ne aveva

il consenso è stato raccolto intorno ad un preciso messaggio politico: unità, autonomia fuori dai poli, appartenenza al socialismo europeo; deve essere politico, quindi, il percorso su cui consolidare e rilanciare il progetto di Socialisti Uniti, con coerenza di comportamenti; fra pochi mesi ci sarà una seconda importante verifica. Le elezioni regionali, che costituiscono l'incardinamento sul territorio del consenso che questo nuovo soggetto politico sarà riuscito a realizzare. E successivamente le elezioni politiche del 2006 rappresenteranno il punto finale di questo progetto, registrando la capacità dei socialisti autonomi e riformisti ad essere protagonisti di nuovi programmi e nuovi schieramenti nella politica italiana.

Ma De Michelis la pensava un pò diversamente: *Non voteremo mai con i comunisti che ci hanno distrutti. I nostri voti sono nel centrodestra e là dobbiamo stare se vogliamo riprenderceli.*

C'erano tutte le premesse per nuove divisioni.

Nuove divisioni

Il nuovo anno 2005 si aprì con il IV congresso del PS-Nuovo PSI, che si svolse al *Palasport* di Roma dal 21 al 23

---

conseguito 9500.

gennaio. Già nella sua relazione introduttiva il segretario lanciò la sua proposta allo SDI: *Liste comuni di unità socialista al di fuori degli attuali schieramenti bipolari*, aggiungendo però, subito dopo: *Riproponiamo oggi l'alleanza del 2001 al fianco di Silvio Berlusconi. Ma con una differenza: oggi non è gratis.*

La replica dello SDI non si fece attendere, per bocca del suo vicesegretario Villetti: *A De Michelis c'è poco da rispondere: non riesco a capire come sia concepibile un partito socialista che non sia contro la destra, ma che anzi faccia parte di una maggioranza di governo che nella destra ha una identità.* E Boselli precisò che prima era necessaria l'uscita del PS-NPSI dal centrodestra, perché non è lì che deve stare un partito socialista. Nella sua controreplica De Michelis definì *inadeguata* quella risposta.

Il congresso approvò la linea politica indicata da De Michelis, che fu riconfermato (per acclamazione) alla guida del partito. Rimanendo nella coalizione governativa di centro- destra, di fatto impedì la presentazione di liste unitarie.

Come sempre, il commento più lucido sul congresso del PS-NPSI fu quello scritto da Intini, che dimostrò, ancora una volta, di avere le idee assai chiare in proposito: *In tutto il mondo i socialisti dicono e fanno le stesse cose: ovunque si contrappongono alla destra, non*

soltanto perché stanno a sinistra, ma perché sono la sinistra.
E inoltre, continuava Intini, *Nenni e Pertini erano i miti dell'antifascismo e si rivolterebbero nella tomba a vedere i loro presunti eredi alleati con gli eredi del fascismo.* E, infine, la stoccata finale: *Spesso De Michelis e i suoi dicono: con i comunisti mai. Tuttavia hanno passato la vita a fare i sindaci e i vicesindaci, i dirigenti di cooperative e di enti non con i diessini (che comunisti non sono mai stati o non sono più da 16 anni), bensì con i comunisti veri, anzi con i comunisti stalinisti e breznevani.*

Dunque ognuno per la sua strada. In preparazione dei due imminenti appuntamenti elettorali, le elezioni regionali del 2005 e le politiche del 2006, il centro-sinistra, allargato a partiti e movimenti che inizialmente ne erano stati esclusi, diede vita ad una nuova coalizione denominata „L'Unione"[182]. Al suo interno, i partiti della lista unitaria dell'Ulivo (DS, Margherita, SDI, MRE) decisero di intensificare la loro collaborazione mediante un apposito patto federativo siglato il 26 febbraio 2015, nell'intento di darsi una struttura federale soprapartitica, costituendo la *Federazione dell'Ulivo* (FED), governata da una Presidenza di 12 componenti, di cui 2 dello SDI, Enrico Boselli e Roberto Villetti.

---

182 Inizialmente era stata denominata *Grande Alleanza Democratica (GAD)*.

L'intento, per i socialisti, era quello di costituire un *Partito dei Riformisti*, maggioritario nell'unione di centro-sinistra. Ma già qualche crepa cominciava ad affiorare se la Federazione, per l'opposizione della Margherita di Francesco Rutelli, decise di presentare la lista „Uniti nell'Ulivo" solo in 9 delle 14 regioni chiamate al voto[183], mentre nelle restanti 5 ciascun partito si presentò col proprio simbolo[184].

Lo SDI, nelle cinque regioni, si presentò in alleanza con Unità Socialista di Signorile (ormai delusa dalla volontà di permanenza del suo ex alleato PS-NPSI nel centro-destra[185]) e di altri movimenti locali, con le liste „Unità Socialista-SDI", sempre però all'interno dell'Unione.

---

183 Tutte le regioni a statuto ordinario, escluso il Molise.

184 Piemonte, Abruzzo, Campania, Puglia e Calabria.

185 Signorile aveva cominciato a prendere le distanze dalle scelte per il centro-destra del NPSI fin dal 16-7-2004, in una lettera a Gianni De Michelis.

Il PS-Nuovo Psi, rimasto invece nella Casa delle Libertà, si presentò in alcune

regioni col proprio simbolo e in altre[186] in coalizione col PRI e col PLI, esperienza quest'ultima detta *Casa Laica*.

I risultati segnarono una rilevante vittoria dell'Unione, che conquisto 12 regioni su 14. Nelle 9 regioni in cui fu presentata, la lista della Federazione „Uniti nell'Ulivo" ottenne in media il 34,2 % dei voti. Nelle altre 5 la lista „Unità Socialista-SDI si attestò al 4,5 %.

Deludenti i risultati del PS-NPSI, se si esclude l'ottimo 5,4 % ottenuto in Calabria, grazie ancora all'apporto di Zavettieri.

In seguito alla dura sconfitta alle elezioni regionali e alle pressioni di UDC e AN in tal senso, fu aperta una crisi di governo che si concluse con la formazione di un governo Berlusconi III. In esso il PS-NPSI ebbe una migliore rappresentanza: Stefano Caldoro[187] divenne

---

186 Piemonte, Veneto, Liguria, Toscana, Marche, Abruzzo e Puglia.

187 Stefano Caldoro (n. 1960), laureato in Scienze Politiche, nel 1985 fu eletto nel Consiglio Regionale campano e nel 1992 alla Camera. Nel 2001 fu tra i fondatori del Partito Socialista-Nuovo PSI, aderente alla Casa delle Libertà ed entrò a far parte del governo Berlusconi, prima come sottosegretario(2001) e poi come ministro (2004). Al V congresso del PS-NPSI, caratterizzato dalla spaccatura tra Bobo Craxi, favorevole a passare col centro-sinistra e De Michelis, che voleva rimanere

ministro per l'Attuazione del programma di governo, Giovanni Ricevuto viceministro dell'Istruzione, dell'Università e della Ricerca e Mauro Del Bue[188] sottosegretario al Ministero delle Infrastrutture e dei Trasporti.

Intanto nuove nubi oscuravano il progetto del Partito dei Riformisti, caro allo SDI. Nel giugno 2005 Boselli invitò gli italiani a votare sì ai referendum sulla fecondazione assistita, ma nella Magherita di Rutelli, assai sensibile alle posizioni della CEI, pur lasciando libertà di coscienza ai propri elettori, prevalse la posizione dell'astensione. La circostanza stava a dimostrare che non sempre due culture riformiste sono

---

nel Polo, si schierò con quest'ultimo, pur mantenendo la sua corrente di destra distinta da quella del segretario. Quando De Michelis si dichiarò favorevole alla Costituente Socialista (2007), ruppe anche con lui e conquistò la maggioranza nel PS-NPSI, diventandone segretario, e rimanendo all'interno del Popolo delle Libertà. È stato Presidente della Regione Campania, col sostegno del centro-destra.

188 Mauro Del Bue (n. 1951), laureato in Lettere e Filosofia, giornalista e storico, è attualmente direttore dell'*Avanti!* online, organo del PSI. Iscrittosi alla FGSI nel 1971, è stato segretario provinciale del PSI di Reggio Emilia (1977) e vicesindaco della città (1987) e tre volte deputato: nel 1987 (PSI), nel1992 (PSI) e nel 2006 (NPSI). Nel 2007 è stato segretario della maggioranza del NPSI favorevole alla Costituente Socialista, da cui scaturì il PS/PSI attuale.

sovrapponibili fino a confondersi e a fondersi, come agognava Prodi: il riformismo socialista e quello cattolico potevano fare un lungo cammino assieme, ma avevano origini e culture assai diverse, destinate ad affiorare soprattutto nelle questioni di principio[189].

Alla fine il referendum fallì, per non aver raggiunto il *quorum*, ma il dissenso con la Margherita si acuì, contribuendo ad accentuare la laicità dello SDI.

Radicalsocialismo

Il dissenso emerso era destinato ad allargarsi, mentre di conseguenza si consolidavano i rapporti tra lo SDI e il Partito Radicale, anch'esso impegnato nella battaglia referendaria per il „SI'". Lo SDI, pertanto, avviò un diverso progetto, sempre collocato all'interno

---

189 Dirà Boselli al IV congresso dello SDI: *L'Ulivo, che è una creatura laica per definizione, non poteva sopravvivere alla scelta integralista di una delle sue componenti fondamentali. Non è possibile a nostro giudizio costruire un partito riformista o democratico, comunque lo si voglia chiamare, con all'interno un partito che sceglie questa sintonia con le posizioni più conservatrici della gerarchia ecclesiastica.* Particolare curioso: dopo aver lasciato il PSI, in seguito all'insuccesso delle politiche del 2008, nel 2010 ritroviamo Boselli nella veste di vicepresidente dell'API (Alleanza per l'Italia), presieduta da...Francesco Rutelli.

dell'Unione, prendendo contatti con il Partito Radicale di Marco Pannella ed Emma Bonino, che aveva scelto di collocarsi nel centro-sinistra, con l'intento di creare una nuova forza laica, socialista, radicale e liberale, nel nome di *Fortuna, Blair, Zapatero*[190]. Una *convention* in tal senso si tenne tra il 23 e il 25 settembre a Fiuggi, allo scopo di *fornire un concreto contributo al progetto riformista, consolidare le basi di un accordo in vista delle prossime elezioni politiche e formulare una serie di proposte da discutere nella prossima legislatura*, le cui conclusioni furono tratte da Enrico Boselli e Marco Pannella, che guardavano ad un socialismo liberale e libertario, fortemente impegnato sul tema dei diritti civili e della laicità dello Stato[191],.

Questa situazione di diffuso malumore nella coalizione[192] di centro-sinistra spinse Prodi a chiedere

---

190 Il progetto fu promosso da SDI, Radicali, Associazione *Luca Coscioni* e i giovani della FGS.

191 Nell'apposito documento furono inseriti 31 punti, fra cui: divorzio breve, PACS, pillola del giorno dopo, libertà di ricerca, procreazione assistita, eutanasia, testamento biologico, liberalizzazione delle professioni, welfare, democrazia, amnistia, separazione delle carriere in magistratura, amnistia, ecc.

192 Dopo le elezioni regionali, Prodi aveva sollecitato la presentazione della lista unitaria „Uniti nell'Ulivo" anche alle politiche del 2006, ma l'Assemblea Federale della Margherita

elezioni primarie, per dare una legittimazione popolare al leader dell'Unione.

Le primarie ebbero luogo il 16 ottobre 2005, con una grande partecipazione popolare e assegnarono la vittoria, con un significativo 74,1 % a Prodi, sostenuto da tutti i partiti[193] di „Uniti nell'Ulivo", SDI compreso, che divenne così il leader di tutta l'Unione e il candidato premier della coalizione.

Subito dopo le primarie lo SDI si sganciò dall'Ulivo, orientandosi verso la costruzione di un socialismo radicale, o radicalsocialismo, con una visione molto marcata della laicità dello Stato. Su questa prospettiva si ebbe anche la convergenza di Unità Socialista di Signorile[194].

---

aveva deciso ,a larga maggioranza, di presentare la propria lista autonoma nella quota proporzionale alla Camera.

Successivamente, però, fu d'accordo di presentare una lista unitaria dell'Ulivo per la Camera e liste separate al Senato.

193 Prodi fu sostenuto anche dal ricostituito PSDI di Giorgio Carta.

194 Nello stesso periodo aderì allo SDI il gruppo calabrese PSE-Lista Mancini, guidato da Giacomo Mancini Jr (n. 1972), già eletto deputato nel 2001 nella lista DS. Nel 2008 però egli aderirà al PdL e nel 2010 sarà nominato assessore nella Giunta regionale calabrese di centro-destra presieduta da Giuseppe Scopelliti.

Le novità emerse in una parte della diaspora non potevano non avere ripercussioni nell'altra.

Al convegno di Fiuggi, Boselli e De Michelis, presente come invitato, si erano abbracciati e il gesto era stato interpretato simbolicamente come un'accelerazione verso la ricomposizione della diaspora. Ma le cose dovevano andare assai diversamente.

Le prospettive aperte dal progetto dello SDI causarono una discussione anche all'interno del PS-NPSI: Bobo Craxi, che già andava assumendo un atteggiamento critico verso il governo Berlusconi, di cui il PS-NPSI faceva parte, poiché cresceva il suo disagio nel far parte di una coalizione politica assieme alla destra estrema, era sempre più attratto dalla possibilità di raggiungere un'intesa per realizzare la sospirata unità socialista, autonoma sì, ma nell'ambito della sua collocazione naturale e storica, il centro-sinistra. Si fece perciò fautore, assieme a Saverio Zavettieri, di una proposta politica secondo cui andava dichiarata conclusa l'alleanza con la CdL per intraprendere il cammino verso il progetto della Rosa nel Pugno, nell'ambito del centro-sinistra. Questa posizione non fu condivisa dall'area centrale del partito facente capo a De Michelis, il quale invece riteneva che il progetto radical-socialista non costituisse un obiettivo prioritario, anche se andava mantenuto un dialogo con lo SDI, però sempre confermando l'adesione alla Casa delle Libertà. L'ala destra interna, filogovernativa e visceralmente anticomunista, guidata da Caldoro, era assai più esplicitamente schierata per la permanenza nel centro-destra; per il momento, però, decise strategicamente di appoggiare la posizione di De Michelis, che fu definita dai suoi critici *attendista*.

Ma il nodo doveva comunque essere sciolto, per cui si andò ad un congresso straordinario, che doveva essere il V, ma che sarà definito *il congresso della discordia*, convocato a Roma per i giorni dal 21 al 23 ottobre 2005, per scegliere tra due posizioni contrapposte[195]. La prima, che puntava alla rielezione di De Michelis, temporeggiatrice a proposito delle prospettive unitarie, sosteneva che a quella data non si poteva decidere di abbandonare la CdL di Berlusconi. Essa era sostenuta anche dal ministro Caldoro, dalla deputata Dora Moroni e dall'europarlamentare Battilocchio, assolutamente contrari a scendere a patti con i post-comunisti, ritenuti artefici della diaspora socialista. La seconda , che proponeva Craxi alla segreteria, voleva, invece, subito uscire dal governo e dal centro-destra e perseguire l'unità socialista nel centro-sinistra. Essa

---

195 Il congresso fu convocato dal Consiglio Nazionale il 18-7-2005. Il successivo 30 furono presentate le mozioni di De Michelis, firmata anche da oltre 400 membri del CN, tra cui Caldoro, e quella di Craxi e Zavettieri (*Unità e rinnovamento dei socialisti italiani*) con 330 firme.

era sostenuta anche dal leader calabrese Zavettieri e dal senatore Francesco Crinò.

Già nel dibattito pre-congressuale le posizioni si erano presentate antitetiche e la polemica pungente aveva fatto balenare all'orizzonte, proprio mentre si parlava, per l'ennesima volta, di unità, l'appropinquarsi di nuove scissioni.

Il *Forum*, organizzato da SDI e PS-NPSI, che si tenne a Roma, al teatro *Capranica*, il 29 settembre diede il segnale di quello che sarebbe stato il congresso del NPSI.

Disse, fra l'altro, il ministro Caldoro, leader della destra dei socialisti di destra del NPSI:

Abbiamo inteso costruire ed affermare, in questi anni, l'identità del Nuovo PSI all'interno di una coalizione, impostata su obiettivi e programmi per i quali il nostro partito è stato fra i protagonisti. [...] La nostra valutazione sulla crisi del bipolarismo è conseguente al suo obiettivo indebolimento e riteniamo oggi un'eventuale quanto frettolosa scelta di campo solo un ulteriore rafforzamento dell'attuale sistema bipolare. Visto, però, che i potenziali partner dello SDI continuavano a ritenere "innaturale" la permanenza del PS-NPSI nella CdL, senza affermare alcun loro distinguo all'interno dell'Unione, Caldoro ne trasse la conclusione che *non è possibile alcun accordo perché mancano le basi fondamentali per un giusto e paritario rapporto di reciprocità.*

Dichiarò invece Zavettieri, in quel momento illustre esponente della sinistra dei socialisti di destra del PS-NPSI: *Nel confermare le posizioni espresse nella grande manifestazione organizzata sabato scorso presso la Fiera di Roma con l'obiettivo di costruire l'Unità socialista per cambiare la sinistra italiana e governare il Paese esprimiamo preoccupazioni e riserve per le posi zioni espresse da De Michelis nel forum svoltosi presso il teatro Capranica, che segnano una seria battuta d'arresto per le condizioni strumentalmente poste ai compagni dello SDI di Boselli e ai radicali nel processo di costruzione dell'Unità socialista, a causa, probabilmente, delle resistenze frapposte dalla delegazione socialista al governo. [...] L'ipotesi rifugio di realizzare l'Unità socialista al di fuori dei Poli si presenta, infatti, come del tutto strumentale e velleitaria. De Michelis, fortunatamente, già da tempo non rappresenta il Nuovo PSI ,come già emerso nel corso delle due recenti Assemblee Nazionali di maggio e di luglio, e fra venti giorni non ne sarà più il Segretario.*

Com'era prevedibile il congresso si svolse in un clima convulso, quasi di rissa, e venne messa in dubbio la sua stessa validità. Formalmente la materia del contendere riguardava la cosiddetta "verifica dei poteri", si trattava cioè di stabilire gli aventi diritto al voto: la guerra tra i sostenitori delle due mozioni, quella di Bobo Craxi e quella di De Michelis, iniziò dunque al congresso con la battaglia sul numero dei delegati che avrebbero dovuto votare le due mozioni, decretando così la vittoria dell'una o dell'altra. I delegati inviati a Roma dai congressi provinciali e regionali sarebbero dovuti essere in totale 1.156, ma erano circa 1.600, perché pare che in alcune regioni o province fossero stati tenuti congressi separati dei sostenitori delle due tesi, provocando quindi la lievitazione della squadra dei delegati.

Disse in proposito De Michelis: *Sono perché il congresso decida, ma io devo garantire un congresso regolare. Per potersi aprire il congresso deve avere una platea certa di delegati. Se la platea non è certa, non è un congresso, ma un'assemblea sessantottina. Perché il congresso sia regolare la Commissione Nazionale di Garanzia paritetica deve mettersi d'accordo. Se non si mette d'accordo, non c'è congresso.*

Nella sua relazione De Michelis ribadì le sue posizioni (*Non rinunciamo ad esplorare la strada dell'unità con SDI e radicali, ma Pannella e Boselli non possono chiederci condizioni inaccettabili*) e venne perciò interrotto da fischi e contestato da cartelli innalzati da alcuni delegati: *De Michelis segretario? No, grazie! Sei il becchino dell'unità socialista*[196] .

---

196 Così commentò l'episodio il suo vice Donato Rubilotta: *È stato un agguato, una gazzarra indegna, organizzati da chi senza idee vuole imporre i suoi metodi.*

La seconda giornata fu aperta da Bobo Craxi: *È necessario concludere senza rancore e ingratitudine il rapporto con il centrodestra, che per noi si deve considerare esaurito. La nostra delegazione al governo deve ritirarsi e i nostri parlamentari assumere un atteggiamento di astensione rispetto al governo, in attesa di rimettere il loro mandato agli elettori.* Per una sorta di *par condicio* ci furono contestazioni anche per lui, anche se, ovviamente, di segno opposto alle precedenti.

In serata De Michelis, per cui il congresso *non [era] formalmente aperto*, in una riunione della sua corrente, ottenne un mandato di esplorazione "in bianco", ma non senza una precisazione di Caldoro: *Diamo al segretario un mandato in bianco senza condizioni, ma ricordati che noi siamo nella CdL e non ci puoi chiedere di andare nella terra di nessuno, perché da lì non si può tornare indietro. Con Boselli non credo ci sia molto da esplorare.*

Alla fine la Commissione di Garanzia decise a maggioranza (5 contro 3) di sospendere il congresso, perché non c'era stato l'accreditamento dei delegati; dunque De Michelis e i suoi abbandonarono i lavori, dichiarando il congresso mai aperto, mentre la parte restante decise di proseguire i lavori sotto la presidenza di Franco Piro, il quale fece votare l'ordine del giorno per l'uscita del PS-Nuovo PSI dalla CdL e per il ritiro della delegazione al governo, che venne approvato con 580 voti a favore. Successivamente venne posta ai voti l'elezione a segretario di Craxi, che venne eletto, con soli 10 astenuti.

Durante la conferenza stampa che seguì, l'on. Vincenzo Milioto, che aveva firmato la mozione di De Michelis, si sedette accanto a Bobo, il quale poté dire: *Tre parlamentari su quattro*[197] *del Nuovo PSI sono qua con noi.*

All'indomani dell'incontro-scontro fra le due inconciliabili anime del PS-NPSI, il partito si ritrovò, oltre che con due anime, anche con due corpi: uno con Craxi segretario, che si diceva eletto dalla maggioranza del congresso; l'altro con De Michelis, per cui non c'era stato nessun congresso e dunque rimanevano in carica i precedenti organi. Craxi dichiarava esaurita l'alleanza con la CdL , mentre Caldoro e Moroni escludevano un passaggio nell'Unione.

Craxi: *Il simbolo va al nuovo segretario, che sono io.* De Michelis: *Io resto il segretario e mantengo la linea che ho enunciato nei miei discorsi.*

Si venne dunque a creare una situazione paradossale, caratterizzata dall'esistenza, di fatto, di due Nuovi PSI. Dopo qualche giorno dalla chiusura del "congresso che non c'è stato", una deliberazione della Commissione

---

197 I deputati Bobo Craxi e Vincenzo Milioto e il senatore Franco Crinò. Chiara Moroni era schierata con De Michelis, o meglio, con Caldoro. Con De Michelis anche Del Bue, Robilotta, Battilocchio.

dichiarò nullo il congresso, in quanto non c'era stato l'accreditamento dei congressisti. Per conseguenza De Michelis venne riconfermato segretario e rimase unico titolare del nome e del simbolo del partito. Il tutto venne confermato dal (vecchio) Consiglio Nazionale riunitosi il 29-10-2005, in cui De Michelis aveva la maggioranza. In quell'occasione prese corpo organizzativamente la minoranza di destra di Caldoro e Moroni, del tutto contrari ad ogni ipotesi che potesse comportare, anche lontanamente, un'uscita dalla CdL, in cui evidentemente essi stavano molto bene.

Ma Bobo non stette con le mani in mano e si rivolse alla magistratura, mentre la spaccatura, sempre più prendeva i connotati della scissione.

Il 4 novembre De Michelis diramò un comunicato stampa:

> *Si è riunta a Roma la segreteria nazionale del Nuovo PSI. La Segreteria ha preso atto della scelta di alcuni compagni di lasciare il partito ed ha provveduto quindi alla loro sostituzione nei ruolo operativi, sia a livello regionale che nazionale. A Chiara Moroni è stato affidato l'incarico di portavoce della segreteria nazionale del partito. Il segretario nazionale, Gianni De Michelis, ha nominato l'Ufficio della Segreteria*

nazionale[198]. *[...] La segreteria ha dichiarato aperto il tesseramento 2005-2006, in vista del Congresso Nazionale che si terrà nel mese di gennaio.*

Il 5 novembre, al *Palazzo dei Congressi* di Roma, si riunì un'assemblea di un migliaio di sostenitori di Craxi-Zavettieri ed elesse un Consiglio nazionale di 300 persone ed una Direzione[199] di 40. Sul piano politico furono prese importanti decisioni: unità federativa dei socialisti, lista socialista e radicale alle politiche del 2006 con il simbolo della "Rosa nel pugno", lista di unità socialista con il simbolo del garofano alle amministrative. Sul mandato esplorativo chiesto da De Michelis non mancò una battuta di Bobo": *A forza di esplorare o avremmo trovato le "Americhe" o avremmo*

---

198 Ne facevano parte, insieme al segretario, i parlamentari europei e nazionali Alessandro Battilocchio e Chiara Moroni; gli esponenti di governo Stefano Caldoro, Nanni Ricevuto e Mauro Del Bue; Donato Robilotta, Francesco Pizzo, Mario Spadari (responsabile organizzazione), Antonino Di Trapani (responsabile ufficio elettorale), Gabriella Cims (responsabile comunicazione e ufficio stampa), Lucio Barani (responsabile enti locali).

199 Della Direzione facevano parte tre parlamentari su quattro del PS-NPSI (Bobo Craxi, Vincenzo Milioto e Franco Crinò; tre consiglieri regionali calabresi; un consigliere regionale pugliese; Saverio Zavettieri, Franco Piro, Claudio Lenoci, Giulio Di Donato, Angelo Cresco, Giuseppe Demitry, Nuccio Abbondanza.

smarrito la bussola. Gianni ha smarrito la bussola e, sentendosi perduto, ha abbandonato la navigazione. Egli propose, inoltre, di informare il Presidente del Consiglio che la presenza di Caldoro nel governo era da ritenersi *a titolo esclusivamente personale.* Annunciò una richiesta di tornare a far parte, a pieno titolo, del PSE e dell'Internazionale socialista e informò l'assemblea della sua intenzione di dimettersi da deputato, perché eletto coi voti del centro-destra: *Tanto più saremo trasparenti, tanto più saremo liberi.* Commento secco di Chiara Moroni: *Il segretario del Nuovo PSI è Gianni De Michelis e con lui gli organismi legittimi del partito. Bobo Craxi è segretario abusivo in una riunione di singoli.*

Una nuova divisione era compiuta[200]. In nome dell'unità, come sempre. E non era ancora finita.

La Rosa nel pugno

Il 5 novembre 2005 si riunì anche il Consiglio Nazionale dello SDI, che ratificò il programma concordato nel settembre coi radicali e diede il via

---

200 La spaccatura fra De Michelis e Craxi provocò anche l'uscita dal PS-NPSI di un altro gruppo che poi fondò „Rifondazione Socialista", con presidente Salvatore Placenti e segretario Giuseppe Graziani.

libera al progetto radicalsocialista. Tra i due tronconi socialisti, quello di Boselli e quello di Craxi, erano emerse differenze non proprio secondarie. Per Bobo, infatti, gli obiettivi da perseguire erano fondamentalmente tre: unità socialista, lista unitaria a tre (il suo PS-NPSI, lo SDI e il PR) alle politiche 2006 con il simbolo della rosa, alleanza tra i due soli raggruppamenti socialisti alle amministrative, col simbolo del garofano. Bobo, cioè, assegnava priorità all'unità socialista e collocava in tempi successivi una lista assieme ai radicali. Boselli la vedeva diversamente: *Noi ci presenteremo alle prossime elezioni politiche e a quelle amministrative con la Rosa nel Pugno. È il simbolo dell'Internazionale Socialista e di molti altri importanti partiti europei*[201]. E ancora: *È impensabile che socialisti e radicali, mentre si presentano uniti alle elezioni politiche, possano andare in ordine sparso nelle altre prove elettorali.* Insomma, Boselli mirava alla creazione di un nuovo soggetto politico da formare coi radicali, Bobo solo ad un'alleanza elettorale con essi.

La strada dell'unità era ancora in salita.

Il 17 successivo venne presentato il simbolo, mentre il nuovo soggetto politico, cui aderì anche Unità Socialista[202] di Signorile, si dotava di organi propri

---

201 I partiti socialisti francese, spagnolo e portoghese.

provvisori: una Direzione Nazionale di 45 componenti[203] e una segreteria Nazionale di otto persone[204].

Per Boselli *il garofano appartiene alla storia: del resto, nessuno può chiedere a noi di fare un partito neo craxiano.* Bobo gli scrisse: *la vostra decisione di presentare alla stampa il simbolo per tutte le consultazioni elettorali, politiche e amministrative e la decisione di convocare un congresso per promuovere un nuovo soggetto politico radical-*

---

202 Nel 2006 Unità Socialista confluirà nel partito di Boselli, dando vita alla componente UIAS (Unità, Identità ed Autonomia Socialista). Quando Signorile aderirà al Partito Democratico, essa sarà diretta da Angelo Sollazzo.

203 Fra di essi i socialisti Ottaviano Del Turco, Pia Locatelli e Claudio Signorile („Unità Socialista" aveva aderito al progetto).

204 I socialisti Enrico Boselli (presidente SDI), Roberto Villetti, Ugo Intini e Cesare Marini e i radicali Daniele Capezzone (segretario del PR), Marco Pannella, Emma Bonino e Marco Cappato.

socialista ha un significato chiaro che non posso non considerare negativo per il suo carattere unilaterale... E Zavettieri aggiunse: *Non abbiamo nulla in contrario sulla "Rosa nel Pugno", ma puntiamo a mantenere il simbolo del garofano per tenere questo soggetto collegato con la storia socialista del Paese che non può essere archiviata.*

Intanto Boselli pressava i vertici dell'Unione di centro-sinistra perché aprissero le porte ai radicali, da considerare ormai un tutt'uno con i socialisti.

La salita verso l'unità socialista diventava comunque ancora più ripida.

Da allora fu una serie di colpi di scena. Con una sentenza del 28 dicembre 2005 il Tribunale Civile di Roma accolse il ricorso di Bobo Craxi, proclamandolo segretario nazionale del PS-Nuovo PSI e riconoscendogli la piena titolarità del nome e del simbolo del partito. Ma De Michelis non rinunciò e presentò appello. Il 7 gennaio 2006 Craxi annunciò ufficialmente l'abbandono della Casa delle Libertà e il ritiro dell'appoggio al governo Berlusconi; nello stesso tempo comunicò che il suo partito non sarebbe confluito nella RnP, perché l'intesa radical-socialista era cosa assai diversa dall'unità socialista. Il 12 successivo De Michelis, annunciò che stava raggiungendo un accordo elettorale, per una lista unica sotto uno stesso simbolo, con la "Democrazia Cristiana per le Autonomie" di Gianfranco Rotondi e confermò l'appartenenza del PS-Nuovo PSI alla CdL. La lista DCA-NPSI puntava a rappresentare la *terza gamba della coalizione* di centro-destra, si diceva ancorata ad un glorioso passato e portatrice di valori di grande attualità.

Il 25 il Tribunale di Roma decretò la nullità del congresso di ottobre, per cui De Michelis ritornò *l'unico titolare legale del nome e del simbolo del partito.*

L'annuncio di De Michelis circa l'alleanza con Rotondi provocò ancora una lacerazione nel suo partito. Il gruppo facente capo a Donato Robilotta[205] lasciò il PS-NPSI e fondò i "Socialisti Riformisti", che successivamente, per le politiche del 2006, raggiunsero un accordo con la Rosa nel Pugno.

---

205 Donato Rubilotta (n. 1956), pubblico funzionario, è stato consigliere regionale del Lazio e vicesegretario del PS-NPSI (segretario de Michelis), che lasciò nel 2006, alla testa dei "Socialisti Riformisti". Dopo aver fatto un accordo elettorale (2006) con la RnP, nel 2007 aderì al PdL di Berlusconi.

Bobo Craxi non fece a sua volta ricorso, probabilmente perché aveva in mente la creazione di un nuovo partito socialista.

Infatti, il 7 febbraio 2006, Craxi e Zavettieri fondarono il movimento de „I Socialisti", che, in vista delle elezioni politiche del 9 e 10 aprile 2006, aderirono alla coalizione di centro-sinistra *L'Unione,* con candidato premier Romano Prodi, accingendosi a presentare liste proprie[206].

I socialisti della diaspora dunque si preparavano a partecipare alle elezioni... uniti e compatti: alcuni già inseriti nei DS (Valdo Spini), altri in FI (Fabrizio Cicchitto), altri nella RnP (Enrico Boselli), altri con "I

---

206 *[I radicali] sono dei liberali di sinistra se parliamo di diritti civili, ma sulla politica economica e internazionale sono dei neoconservatori* (Bobo Craxi, 2-3-2006).

Socialisti", Bobo Craxi nella lista dell'Ulivo, altri nella lista DCA-NPSI (De Michelis), altri ancora col PSDI (Carta, nell'Ulivo).

Verso la Costituente

La vita va vista col pessimismo dell'intelligenza, col senso critico del dubbio, ma anche con l'ottimismo della volontà.
(Pietro Nenni).

La vittoria del centro-sinistra

Al momento della presentazione delle liste il simbolo de „I Socialisti" venne ricusato dal Ministero dell'Interno, per la presenza in esso del garofano, comune al PS-NPSI , e del nome Craxi che poteva essere associato non a Bobo, ma a suo padre Bettino[207].

Eliminato il gambo del garofano e la scritta „Craxi", „I Socialisti" riuscirono a presentare liste in 11 Circoscrizioni alla Camera e in 8 Regioni al Senato.

---

207 Sul tema una riflessione di Bobo Craxi: *C'è un candidato di Forza Italia, che ha la fortuna o sfortuna di possedere il mio stesso patronimico, che ha minacciato di rivolgersi al tribunale qualora io usassi il mio cognome nel simbolo;* e una di Stefania Craxi: *Nulla gli impedisce di usare il suo cognome, purché fatto precedere dal nome.*

I SOCIALISTI

Intanto i DS offrirono a Craxi, per assicurargli il cosiddetto *diritto di tribuna*, un posto nella lista dell'Ulivo[208] in Lombardia. Ma egli fu collocato al 9° posto della lista, un posto in cui era assai difficile essere eletti, visto che, in base alla legge elettorale, fatta approvare dal centro-destra (*Porcellum*), sarebbero stati eletti deputati i candidati in testa alla lista.

Un accordo simile fu fatto col PSDI, che inserì propri candidati nelle liste dell'Ulivo per la Camera, fra cui lo stesso segretario Carta, candidato in Basilicata.

Per il Senato, non essendoci la lista dell'Ulivo, in quanto DS e Margherita si presentavano separatamente, in base all'accordo Fassino-Carta il PSDI presentò candidati col proprio simbolo in 10 regioni, in alleanza

---

208 Con il simbolo dell'Ulivo si presentarono assieme, per la Camera dei Deputati, i DS e la Margherita, ottenendo il 31,3 % e 220 seggi. Al Senato,dove avevano presentato liste separate, ottennero complessivamente 101 seggi.

col Nuovo Partito d'Azione[209], che inserì nelle liste del PSDI alcuni suoi candidati.

Le elezioni politiche del 2006 furono vinte di misura dal centro-sinistra, tanto che i voti de „I Socialisti", anche se pochi (0,30 % alla Camere e 0,37 % al Senato) risultarono determinanti per la vittoria nei due rami del Parlamento. Ma Bobo Craxi non ottenne il promesso *diritto di tribuna*, poiché la lista in cui era stato inserito si aggiudicò soltanto 6 seggi e le liste del suo partito non superarono lo sbarramento previsto.

Meglio andarono le elezioni per Giorgio Carta (PSDI) che, nella sua circoscrizione, era risultato il primo dei non eletti e fu facilmente „ripescato"[210].

Le cose non andarono bene neanche per la Rosa nel Pugno, che conseguì un risultato deludente, inferiore alla somma di quanto ottenuto in precedenza separatamente da SDI e PR, e cioè il 2,6 % alla Camera e il 2,5 % al Senato. Alla Camera furono eletti 18 deputati

---

209 Il piccolo partito, fondato il 2-4.2005 si richiamava al *leggendario e glorioso Partito d'Azione* che fu di Ferruccio Parri e si definiva di *estrema sinistra democratica non marxista*. Segretario ne era Pino Quartana (n. 1956) filosofo e giornalista.

210 Il PSDI presente solo al Senato in 10 regioni ottenne appena lo 0.17 %. Carta si iscrisse al Gruppo Parlamentare dell'Ulivo, ma nell'agosto 2007, in seguito alla costituzione del Partito Democratico, passò al Gruppo Misto, sempre in rappresentanza del PSDI.

(di cui 11 dello SDI)[211], ma al Senato la RnP non fu rappresentata, perché non le fu attribuito nessun seggio, per quella che essa considerò una scorretta interpretazione della legge, in quanto secondo i radicalsocialisti essi avrebbero avuto diritto a 4 senatori.

Le cose non andarono meglio per il PS-NPSI. Esso ottenne, assieme alla DCA, alla Camera lo 0,74 % e quattro deputati[212], mentre al Senato ebbe solo lo 0,56 % e nessun eletto. Dei quattro due[213] furono eletti nelle liste DCA-NPSI e due nelle liste di Forza Italia[214], al cui gruppo finiscono per aderire, lasciando il PS-NPSI con

---

211 Rapisardo Antinucci, Enrico Boselli, Enrico Buemi, Salvatore Buglio, Giovanni Crema, Lello Di Gioia, Giacomo Mancini jr, Angelo Piazza, Gianfranco Schietroma, Lanfranco Turci (ex PDS), Roberto Villetti.

212 L'elezione fu possibile per il fatto che la legge elettorale premiava le liste maggiormente votate al di sotto della clausola di sbarramento del 2 %.

213 Uno era Gianni De Michelis, il quale però optò per il Parlamento europeo, in cui altrimenti sarebbe subentrato Luciano Racco, passato con I Socialisti Italiani di Bobo Craxi; al posto di De Michelis divenne deputato Lucio Barani; l'altro eletto era Mauro Del Bue.

214 Chiara Moroni e Giovanni Ricevuto, che si iscrissero al Gruppo di FI, di cui la Moroni divenne vicepresidente.

due soli rappresentanti in Parlamento, in quanto non condividevano la linea politica di De Michelis[215].

Nel secondo governo Prodi che si venne a formare non erano presenti ministri socialisti. La RnP era rappresentata dalla radicale Emma Bonino. Comunque dello SDI entrarono nel Governo 4 rappresentanti[216].

Per quanto riguardava „I Socialisti" , quasi a compensare la sua mancata elezione a deputato, Bobo Craxi, il 18 maggio 2006 fu nominato sottosegretario agli Affari Esteri (con delega ai rapporti con le Nazioni Unite). La cosa non fu presa bene negli ambienti del suo partito. Così, ad esempio, si espresse il presidente Zavettieri: *Appresa la composizione del governo Prodi che con 25 ministri e circa 55 tra sottosegretari e viceministri non vede nessuna rappresentanza del partito e della lista de „I Socialisti" che con i loro 130.000 voti, traghettati dal centro-destra al centro-sinistra, hanno determinato la vittoria di Romano Prodi.[...] La nomina di Craxi a sottosegretario di Stato, già candidato e non eletto nella lista dell'Ulivo, non può che essere intesa a titolo personale e comunque a carico dell'Ulivo...[...] La segreteria del partito aveva fatto altre*

---

215 In effetti, nel giugno successivo, il PS-NPSI dichiarò la sua autonomia dai Poli, pur mantenendo un accordo con la CdL.

216 Un viceministro (Ugo Intini, agli Esteri) e tre sottosegretari: Emidio Casula (Difesa), Tommaso Casillo (Infrastrutture) e Raffaele Gentile (Trasporti).

proposte, per cui *Nessuno può impedire a Bobo Craxi di accettare la nomina a sottosegretario [...], ma nel momento in cui dovesse farlo, deve sapere che in tal modo taglierebbe in radice i legami con la formazione dei socialisti che ha contribuito a fondare.*

C'erano le premesse per altre divisioni.

Altre divisioni

In effetti, già sul finire del 2006, SDI e radicali dovettero constatare che il progetto della RnP non riusciva ad evolversi secondo gli obiettivi iniziali, cioè rimaneva un'alleanza elettorale e parlamentare, senza riuscire a diventare un vero partito ben amalgamato. Ciò era probabilmente dovuto alla differenza fra la cultura politica dei radicali, che privilegiavano l'attività referendaria e movimentista e la vocazione dei socialisti, che avevano una cultura di governo ed una visione più concretamente riformista per incidere sulle istituzioni a tutti i livelli. Boselli dovette dunque ammettere che la diversità strategica dei due contraenti poteva consentire un'alleanza, ma non realizzare una vera e propria fusione. Questa nuova analisi portava lo SDI a riprendere il tema della ricomposizione della diaspora socialista.

Un'altra tempesta intanto stava per abbattersi sul ricostituito PSDI, di cui la Cassazione aveva ormai sancito, con sentenza del 1° maggio 2004, la continuità giuridica col vecchio PSDI di Saragat. Infatti, appena sette mesi dopo le elezioni, precisamente il 25 novembre 2006, dopo che la Direzione aveva nominato la Commissione di Garanzia per il futuro congresso e per il tesseramento, avviando quindi il cammino congressuale, Giorgio Carta si dimise da segretario del partito.

Nella Direzione Nazionale del 14 dicembre 2006, convocata per prendere atto delle dimissioni di Carta, risultò designato come segretario Renato D'Andria (n. 1946), ma buona parte del partito (fra cui lo stesso Carta, il presidente Cariglia e il vicesegretario Giovanni Grieco), che si riteneva maggioritaria, prese le distanze da quella scelta, rifiutandosi di riconoscerla.

D'Andria allora, in poche settimane sciolse la Commissione di Garanzia, sospese vari membri del partito e convocò il Congresso (che doveva essere il XXVII del PSDI) a Fiuggi per i giorni dal 26 al 28 gennaio 2007. Il congresso lo confermò, per acclamazione, segretario.

Ma nel febbraio 2007 Mimmo Magistro (vicesegretario assieme a Grieco) e Diego Stanzione (segretario giovanile del Lazio) si rivolsero ai giudici, chiedendo l'annullamento (e, in via cautelare, la sospensione) della deliberazione della Direzione Nazionale del 14-12-2006 con cui era stato eletto segretario D'Andria e anche di quella del Congresso che lo aveva riconfermato, nonché dei provvedimenti riguardanti lo scioglimento della Commissione di Garanzia e la sospensione di alcuni iscritti. Si contestava soprattutto la validità della deliberazione della Direzione Nazionale, perché non sarebbero stati convocati tutti i componenti dell'organo[217].

Il 13 aprile il Tribunale di Roma sospese in via cautelativa l'elezione di D'Andria e tutte le sue decisioni da segretario. Alla guida del partito tornò così il vicesegretario vicario Mimmo Magistro. Il 19 maggio la ritrovata Direzione Nazionale respinse all'unanimità le dimissioni di Carta, il quale dunque riprese a guidare il PSDI fino al congresso del successivo ottobre.

Mentre in campo socialista si registrava, come di consueto, una notevole effervescenza, fra i partiti dell'Ulivo, Democratici di Sinistra e Margherita, sull'onda del successo assieme conseguito alla Camera (31,2 %), della vittoria, sia pure di misura, conseguita dall'Unione (centro-sinistra) e della costituzione del II governo Prodi, prendeva corpo l'idea della fusione, in

217 Intanto il 1° marzo 2007 un gruppo socialdemocratico contrario a D'Andria si diede un'organizzazione come „Associazione Politico Culturale Socialdemocratici Europei".

un tentativo di unificare tutta l'area progressista. In questo quadro l'invito a partecipare al processo costituente di quello che sarebbe stato il Partito Democratico, fu esteso prima di tutti ai socialisti di tutte le scuole e collocazioni.

Già nella seconda giornata del Convegno di Bertinoro, indetto da alcuni circoli per il 3 e 4 marzo 2007 sul tema *Verso la costituzione di una forza laica liberalsocialista*, si ebbe un anticipo di quella che sarebbe stata la risposta dello SDI, dalle parole di Enrico Boselli: *Il PD poteva rappresentare un passo avanti rispetto all'esperienza della famiglia socialista europea, mentre siamo piuttosto di fronte a un passo indietro che è evidente in tema di laicità e di diritti civili. Partendo da un rafforzamento dei socialisti, che si può realizzare con una unità in tempi rapidi con il Nuovo PSI di De Michelis e con il raggruppamento guidato da Bobo Craxi, dobbiamo aprire un dialogo con tutti coloro che su un terreno riformista non si riconoscono nel progetto del Partito Democratico.*

Poco dopo a rispondere furono „I Socialisti", in occasione del loro primo congresso, tenuto a Rimini il 10 e l'11 marzo 2007. La proposta di entrare nel costituendo Partito Democratico non fu ben accolta dal congresso, contrario ad essere diluito nel nuovo partito, considerato una somma di culture estranee e in antitesi al riformismo socialista. Il partito, che cambiò la sua denominazione in „I Socialisti Italiani" era invece piuttosto orientato ad aprire un dialogo con lo SDI di Boselli, rimettendo dunque sul tappeto il tema dell'unità socialista ed era di conseguenza intenzionato a partecipare al processo costituente che avrebbe portato alla formazione di un Partito Socialista unitario, anche perché non si poteva proseguire con la presenza di due diversi partiti socialisti (I Socialisti Italiani e lo SDI) nella stessa coalizione. Zavettieri venne eletto segretario.

Anche dal V congresso (straordinario) dello SDI, che si tenne a Fiuggi dal 13 al 15 aprile 2007, arrivò ufficialmente un no secco alla proposta di entrare nel PD. Affermò Boselli nella sua relazione: *Noi abbiamo sempre condiviso l'idea di costruire una grande forza riformista. Quindi, a partire da un forte riferimento socialista che innanzi tutto faccia ritrovare l'unità dello SDI con il nuovo PSI di Gianni De Michelis e con I Socialisti di Bobo Craxi, bisogna aprire un processo aperto a tutte quelle componenti progressiste, dai liberali riformatori agli ambientalisti riformisti, che non si ritrovano nel Partito Democratico così come Fassino e Rutelli lo stanno costruendo.* Quindi no al Partito Democratico e sì a una Costituente socialista. La RnP venne perciò archiviata come *alleanza elettorale e come azione comune nel Parlamento e nel governo.*

Bobo Craxi, nel suo saluto al congresso, con l'orgoglio (obiettivamente giustificato) di chi poteva dire di aver previsto ed auspicato il progetto prima di altri, sostenne la necessità di *dar vita ad una larga convergenza di tutti i socialisti italiani, che sappia, unendosi ad altri movimenti e gruppi della medesima ispirazione nel centrosinistra, dar vita ad una costituente che punti all'ambizioso traguardo di costruire o meglio ricostruire una vasta alleanza di segno socialista, riformista, democratica e liberale in grado di colmare il vistoso vuoto politico presente nel centrosinistra e che la nascente formazione democratica rischia di determinare.*

Il segretario de „I Socialisti Italiani" Zavettieri a sua volta propose di *insediare subito un tavolo con tutti coloro che sono disponibili e che condividono il progetto di una Costituente socialista.* Essa, affermò Zavettieri, *non dovrà porsi né a destra né a sinistra del Partito Democratico, ma avanti.*

Nella stessa sede De Michelis proclamò: *La scelta è fatta. Siamo con voi in questo percorso,* guadagnandosi gli applausi della platea congressuale e l'abbraccio del suo ex rivale Bobo Craxi.

Il vicesegretario del PS-Nuovo PSI Alessandro Battilocchio commentò: *L'intervento di Gianni De Michelis è stato un importante contributo al dibattito. Chi si chiama socialista non può lasciarsi sfuggire questa storica occasione*[218].

Boselli, riconfermato segretario per alzata di mano, assicurato il leale sostegno al governo Prodi, concluse dicendo: *Non trovo di meglio che chiamare il nuovo partito come si è sempre chiamato dal 1893, dal congresso di Reggio Emilia, e cioè partito socialista italiano.*

L'obiettivo che dunque lo SDI si poneva era la costruzione di una forza spiccatamente socialista, collocata nel PSE e nell'Internazionale e avente come riferimento la socialdemocrazia europea.

Fuori del coro si collocò tuttavia Ottaviano Del Turco, Presidente della Regione Abruzzo, il quale invece si dichiarò favorevole ad entrare nel PD. Egli, di conseguenza, dal 14 maggio 2007, cominciò ad organizzare la sua componente nel movimento di Alleanza Riformista, orientato a portare all'interno del costituendo PD la cultura socialista, e il 23 successivo abbandonò formalmente il partito per aderire al Comitato Promotore del PD. Ad Alleanza Riformista aderirono, fra gli altri, anche l'ex senatore Cesare Marini, il sindaco di Bergamo Roberto Bruni, Salvo Andò (ex presidente dei "Liberalsocialisti") e Claudio Signorile, ex presidente del Movimento di Unità

---

218 Ma De Michelis si ebbe anche la pronta replica di Caldoro: *De Michelis ha scelto, il Nuovo PSI no*, foriera di ulteriori divisioni.

Socialista, ma i movimenti di provenienza rimasero nello SDI[219].

Lasciò lo SDI, per aderire al PD, anche la componente di Claudio Nicolini, organizzatasi in movimento dei „Socialisti Liberal per il Partito Democratico".

Tra il 19 e il 21 aprile si tenne il IV ed ultimo congresso dei DS, la cui maggioranza decise la confluenza con la Margherita per la fondazione del Partito Democratico[220], ma la minoranza di sinistra (*A sinistra. Per il socialismo europeo*) di Fabio Mussi e la corrente (*Per un partito nuovo. Democratico e socialista*) di Gavino Angius e Valdo Spini lasciarono il partito e fondarono la „Sinistra Democratica per il Socialismo Europeo".

---

219 Vi aderirono anche Alberto Tedesco (assessore regionale della Puglia), Felice Iossa (consigliere regionale della Campania), Eugenio Giani (assessore comunale di Firenze), Enrico Bertini (consigliere provinciale di Firenze, Felice Laudadio (assessore comunale di Napoli), Andrea America (ex sindaco di Mariglianella), Roberto De Masi (consigliere comunale di Napoli), Angela Pace (ex segretaria provinciale SDI di Salerno), Andrea Severi (ex vicesegretario provinciale SDI di Roma).

220 Il 23-5-2007 venne insediato il Comitato Promotore del PD, detto *Comitato 14 ottobre*, dalla data in cui sarebbe stata eletta l'Assemblea Costituente del PD, di 45 membri, fra i quali i socialisti Giuliano Amato (che nel 2008 si ritirerà dall'attività politica) e Ottaviano Del Turco.

Il nuovo raggruppamento ben presto si divise fra coloro (maggioritari) che volevano avviare un'alleanza con Rifondazione Comunista, col PCdI e coi Verdi, che poteva evolvere verso una vera e propria fusione ("La Cosa Rossa") e chi, come Angius e Spini, privilegiava il colloquio con lo SDI e spingeva per la partecipazione alla Costituente Socialista.

La proposta di Boselli per la Costituente socialista venne accolta positivamente da De Michelis, ma il coordinatore nazionale ed ex ministro di Berlusconi Stefano Caldoro si dichiarò contrario al progetto, dicendosi invece fedele alla scelta di campo del 2001 a favore del centro-destra e provocando così una nuova spaccatura all'interno del PS-NPSI.

A quel punto l'ultima parola non poteva che spettare a un congresso. Un Consiglio Nazionale piuttosto burrascoso e spaccato in due, riunitosi in una sala dell'*Hotel Palatino* di Roma, alla fine decise all'unanimità la convocazione del congresso per i giorni 23 e 24 giugno 2007. Ma De Michelis, in seguito al ricorso di alcuni membri dell'Esecutivo del Partito, relativo ad un'illegittima fissazione del termine per la presentazione delle mozioni, riconvocò il Consiglio Nazionale per fissare una nuova data congressuale. Ma il leader della destra interna, Caldoro, sostenuto anche dal deputato Lucio Barani, si oppose, ritenendo illegittima quest'ultima decisione e decise di celebrare il congresso, all'hotel *Midas* di Roma nella data già prefissata. Il congresso, cui partecipò la parte avversa alla Costituente Socialista, dopo aver ribadito l'appartenenza alla Casa delle Libertà, lo elesse segretario[221]. Questo il suo commento dei lavori: *Abbiamo fatto una scelta di campo che coincide con quella che già abbiamo fatto da tempo, cioè di stare con la CdL, con la nostra libertà e con il nostro partito, contro il governo Prodi,* definito più in là *esecutivo dell'inasprimento fiscale e delle controriforme.*

Quando, il 7 e l'8 luglio seguenti, si riunì a congresso l'ala fedele a De Michelis, che invece approvò l'adesione alla *Costituente Liberal Socialista*, il leader dichiarò: *Intendiamo costruire una forza socialista riformista in grado di attrarre quanti non trovano risposta né nel Partito Democratico, né nella CdL. In questa direzione intendiamo ratificare l'adesione alla Costituente socialista e accelerare il*

---

221 Il Comitato di Segreteria risultò così composto: Stefano Caldoro (segretario), Lucio Barani (tesoriere), Raffaele Scheda (Presidente del Consiglio Nazionale), Adolfo Collice, Umberto Caruso, Franco Spedali (vicesegretari) e Antonino Di Trapani (coordinatore della segreteria).

processo socialista riformista senza più prolungare i tempi di attesa.

Gli replicò asciutto Caldoro: *Gianni sta solo cambiando schieramento e passando a sinistra; noi del Nuovo PSI rimaniamo con la CdL.*

Gli fece eco Lucio Barani: *De Mchelis ha deciso di costituire un unico partito con Boselli, di fare in poche parole uno SDI un pò più grande. Non è mai stato questo il programma del Nuovo PSI nato nel 2001.*

Il congresso elesse presidente Gianni De Michelis e segretario Mauro Del Bue, il quale dichiarò, fra l'altro: *Seguirò il percorso che il nostro congresso nazionale ha deliberato, con lo spirito costruttivo che animerà la nostra Costituente per far nascere al più presto un nuovo partito che riunisca le varie anime interessate al progetto.* L'eurodeputato Alessandro Battilocchio, vicesegretario del PS-NPSI, con evidente gioia, come di chi può tornare a casa dopo una lunga assenza, nel suo intervento al congresso aveva comunicato: *Dal compagno Schulz ho appreso che può ormai considerarsi concluso il lungo iter per il nostro ingresso nel PSE: a partire dalla sessione di settembre io e Gianni De Michelis siederemo nei banchi parlamentari del Gruppo del Partito Socialista Europeo.*

Ancora una volta, in nome dell'unità, i socialisti si dividevano, questa volta però con una diversa visione strategica di fondo tra chi, militando nell'ala destra socialista non poteva resistere al richiamo della casa comune, nazionale e internazionale, e chi invece sceglieva di stare organicamente nella destra, verso cui lo spingeva la sua più intima vocazione politica. Operazione chiarificatrice, dunque.

Anche in campo socialdemocratico ci fu qualche novità. D'Andria, estromesso dalla segreteria del PSDI, il 15 giugno diede vita al Partito dei Riformatori Democratici, che non avrà molta fortuna.

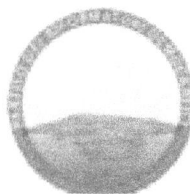

Qualche giorno dopo, cioè il 23 giugno 2007 le due „anime" del PS-Nuovo PSI, preso atto *dell'inconciliabilità ed irreversibilità delle diverse scelte politiche ormai maturate all'interno del partito*, riuscirono a concordare i termini della scissione con una scrittura privata che mise fine ad ogni diatriba. Tra l'altro, vennero suddivisi il nome e i simboli: al partito di Del Bue e De Michelis andò la prima metà del nome, cioè „Partito Socialista", mentre il simbolo avrebbe potuto contenere la denominazione di"Partito Socialista", con esclusione di quella „Nuovo PSI" e una rappresentazione grafica del garofano diversa dalle altre; al partito di Caldoro e Barani spettò la seconda metà del nome, e cioè, „Nuovo PSI", mentre il simbolo avrebbe potuto contenere la denominazione „Nuovo PSI", con esclusione di quella di „Partito Socialista" ed una rappresentazione del garofano, purché diversa dalle altre.

I due nuovi partiti avranno destini diversi: il Partito Socialista di Del Bue aderirà alla Costituente Socialista e ne seguirà, almeno nella sua maggioranza, tutte le evoluzioni successive. Il Nuovo PSI di Caldoro, quando Berlusconi, il 18-11-2007, lancerà il progetto del PdL (Partito delle Libertà), aderirà subito al relativo processo costitutivo e successivamente sarà con lui nel nuovo soggetto politico, assieme a Forza Italia, Alleanza Nazionale ed altri[222], inserendo, alle politiche, propri candidati nelle liste del PdL.

Del Bue   **Caldoro**

---

222 Caldoro farà parte della Direzione Nazionale del PdL. Il NPSI continuerà però a mantenere la sua organizzazione e a presentare sue liste a livello regionale e legale.

Il 14 luglio 2007, anniversario dell'inizio della Rivoluzione francese e della fondazione della Seconda Internazionale, ebbe luogo, all'*Auditorium del Massimo* a Roma, la manifestazione di apertura della Costituente Socialista, sotto la presidenza di Pia Locatelli, presidente dell'Internazionale Socialista Donne. Con essa si realizzava, secondo i promotori, l'unità dei socialisti, con lo scopo non solo di porre fine alla diaspora del PSI e del PSDI, ma anche di riunire tutti quelli che si richiamavano al PSE.

Vi aderivano lo SDI di Enrico Boselli, Roberto Villetti, Ugo Intini e Pia Locatelli, il PS di Gianni De Michelis, Mauro Del Bue e Alessandro Battilocchio, I Socialisti Italiani di Bobo Craxi e Saverio Zavettieri, Socialismo è Libertà di Rino Formica, l'"Associazione per la Rosa nel Pugno" di Lanfranco Turci, Roberto

Barbieri[223] (ex DS), Cinzia Dato[224] (ex DL), Luigi Angeletti[225] (UIL). Gavino Angius inviò una lettera[226].

La giornata si concluse con la firma, da parte dei *leader* convenuti, di una comune *dichiarazione d'intenti*, approvata per acclamazione.

Grandi applausi risuonarono quando fu citato Bettino Craxi, un'ovazione quando fu letto il messaggio di adesione e di incoraggiamento inviato alla Costituente da Luciana Nenni (1921-2008), ultima figlia del grande leader socialista. Ad ottobre ci sarebbe stata una conferenza programmatica e a dicembre il congresso[227].

---

223 Roberto Barbieri (n. 1953), laureato in Economia e Commercio, manager, è stato deputato e senatore DS, prima di aderire al Partito Socialista.

224 Cinzia Dato (n.1955), docente universitaria di Sociologia, è stata senatrice e deputata della Margherita, prima di aderire, nel luglio 2007, alla Costituente Socialista.

225 Luigi Angeletti (n. 1949), sindacalista socialista, è stato Segretario generale della UIL (2000-2014) e membro del Consiglio Nazionale dell'Economia e del Lavoro.

226 Così scrisse Angius in occasione della Costituente: *Le forze che si riconoscono nei valori del socialismo europeo potranno presto ritrovarsi in un progetto comune, magari in un'assemblea fondativa per dare vita ad una nuova sinistra di governo integrata da nuovi protagonisti in grado di rappresentare al meglio le sfide future che ci attendono.*

227 Tuttavia il congresso si svolgerà il 7-6-2008.

Il programma del nuovo partito fu riassunto in maniera lapidaria ed efficacissima, al livello di chi per prima l'aveva preceduta nella sua alta funzione[228], dalla presidente Locatelli:

I socialisti sono di sinistra e sono contrari alla guerra.

Il 24-7-2007 si riunì per la prima volta il comitato promotore[229] così compasto: Gavino Angius, Enrico Boselli, Roberto Barbieri, Bobo Craxi, Cinzia Dato, Mauro Del Bue, Gianni De Michelis, Rino Formica, Franco Grillini[230], Ugo Intini, Pia Locatelli, Alberto Nigra[231], Gianfranco Schietroma, Valdo Spini, Lanfranco Turci, Roberto Villetti, Saverio Zavettieri.

---

228 Clara Zetkin e la sua celebre espressione *Guerra alla guerra.*

229 Il comitato promotore era affiancato da un comitato organizzatore, incaricato del lavoro operativo per condurre la Costituente al congresso fondativo, composto da Rapisardo Antinucci, Alberto Nigra, Franco Benaglia, Antonio Demitry, Rosario De Maio, Antonio Perini e Massimo Perna (coordinatore).

230 Franco Grillini (n. 1955), laureato in pedagogia, deputato DS, era il Presidente onorario dell'Arci Gay.

231 Alberto Nigra (n. 1964), ex consigliere comunale di Torino ed ex deputato DS, nel luglio 2007 aderì alla Costituente Socialista e poi al PS. Nel 2011 passò al movimento „Riformisti e Socialisti", fondato da De Michelis.

Il 31 agosto 2007 Boselli, Angius e Spini pubblicarono un appello a quanti erano disponibili *alla costruzione di un nuovo partito socialista in Italia come nel resto d'Europa, consapevoli che ogni altro ulteriore indugio avrebbe l'effetto di disorientare, disperdere e dividere un'area politica che dobbiamo invece riunire e rilanciare.*

Quando, il successivo 15 settembre, il Comitato promotore nazionale di „Sinistra Democratica" respinse con 245 voti contro 5 a favore e 5 astenuti la proposta Angius-Spini della partecipazione alla Costituente Socialista e dell'adesione al PSE, la rottura tra chi voleva la „Cosa Rossa" e chi un nuovo Partito Socialista di stampo europeo, divenne irreversibile. Il 2 ottobre cinque parlamentari[232] lasciarono „Sinistra Democratica" per costituire „Democrazia e Socialismo" e quindi partecipare al lancio del Partito Socialista.

_____

232 I senatori Gavino Angius e Accursio Montalbano (più Roberto Barbieri, uscito nel maggio dai DS) e i deputati Fabio Baratella, Franco Grillini e Valdo Spini. I tre senatori garantivano la presenza socialista anche in Senato (nel Gruppo Misto), dove la RnP non aveva inizialmente ottenuto rappresentanza. Al Gruppo della Camera, divenuto *Socialisti e Radicali-RnP* aderirono successivamente Mauro Del Bue e i tre deputati di „Democrazia e Socialismo".

Aria nuova

Rinnovarsi o perire.
(Pietro Nenni)

Storica sconfitta

Ci battiamo perché anche in Italia, come in tutti i grandi paesi europei, ci sia una forza riformista legata alla famiglia socialista europea e internazionale. Con queste parole Boselli spiegò il significato della conferenza programmatica della Costituente Socialista, intitolata *Le primarie delle idee,* che si svolse il 5 e 6 ottobre 2007 a Roma, all'auditorium della Tecnica e nel corso della quale fu annunciato il Partito Socialista.

Tra i temi in discussione, il lavoro, la laicità e la politica fiscale, che saranno dibattuti mediante tavole rotonde quali *Un fisco per la crescita e l'equità* (coordinatore Gianni De Michelis), *Welfare e lavoro: un patto tra le generazioni* (coordinatore Lanfranco Turci), *Laicità, diritti, garanzie* (coordinatore Franco Grillini), con la partecipazione non soltanto di rappresentanti di partiti e movimenti aderenti, ma anche di intellettuali e accademici. Come punti di riferimento vennero indicate tre personalità del passato: Loris Fortuna (*rammenta le grandi battaglie per l'introduzione del divorzio*), Marco Biagi (*simbolo di un'opera per il riequilibrio delle risorse tra generazioni e per una flessibilità accompagnata da un sistema di sicurezza sociale*) e Giuseppe Di Vittorio (*fa riflettere sul valore di un riformismo autentico*).

Fra gli oratori, particolarmente incisivi furono Grillini: *Questo partito lo vedo come una prateria che fa riferimento alla grande casa europea e che si fa carico di grandi temi come la ricerca scientifica e i diritti civili e fa riferimento a principi di civiltà come la meritocrazia;* Valdo Spini per cui *dei percorsi passati di ciascuno di noi, ne riparleremo davanti al caminetto tra qualche anno. Quello che ora stiamo facendo è la costruzione di una forza socialista, laica, riformista come quella del socialismo europeo;* Rino Formica: *Il socialismo deve rimuovere le cause di disuguaglianza;* Gavino Angius che così spiegò la sua adesione: *Perché qui oggi ci sono primarie delle idee e non delle persone; perché il divario tra noi e il PD è incolmabile; perché ci sentiamo parte del PSE; perché il PD ha una deriva troppo centrista e la Cosa Rossa troppo massimalista; perché vogliamo un capitalismo maturo e socialmente responsabile e perché in questo paese è in discussione il principio della laicità.*

Gli interventi conclusivi furono fatti da Luigi Angeletti (segretario della UIL), Poul Rasmussen (presidente del Partito Socialista Europeo) ed Enrico Boselli (segretario dello SDI).

Il „Manifesto dei valori" dichiarava, fra l'altro:

> *Il Partito Socialista si propone di realizzare, con forme nuove e adeguate ai tempi e per via democratica, nella partecipazione dei cittadini, una società che sia retta da valori di libertà, di uguaglianza, di giustizia, di responsabilità, di solidarietà e di progresso.*

Quasi in contemporanea, dal 5 al 7 ottobre 2007 si svolse a Bellaria, il XXVII congresso dei cugini separati del PSDI, sempre gelosi della loro autonomia organizzativa.. Il congresso, così almeno sembrò, fu un congresso di chiarificazione interna. La dirigenza del partito fu eletta all'unanimità, e cioè col concorso sia della maggioranza che faceva riferimento a Carta,

Tomassini[233] e Cioce[234] (82 %) sia della minoranza rappresentata da Gaspare Conforti[235] e da un gruppo di delegati calabresi e campani. Segretario nazionale fu proclamato Mimmo Magistro, presidente Alberto Tomassini, presidente onorario Giorgio Carta, vicesegretari Serafino Conforti[236], Roberto Fornili[237] e Antonello Longo[238]; responsabile della gioventù socialdemocratica rimase Lucia Riefolo[239].

---

233 Alberto Tomassini, ingegnere, è stato consigliere comunale di Venezia ed assessore della Regione Veneto, nonché presidente dell'INAIL.

234 Giuseppe Cioce, avvocato, è stato consigliere della Regione Puglia.

235 Gaspare Conforti (m. 2009) fu segretario regionale del PSDI in Calabria.

236 Serafino Conforti (n. 1957), medico oncologo, figlio di Gaspare, è stato consigliere comunale di Marano Marchesato , consigliere e vicesindaco di Cosenza. È stato anche segretario regionale (Calabria) e poi nazionale fino al 1986 dei giovani socialdemocratici e infine membro della Direzione del PSDI. Nel maggio 2012 è stato eletto, dal congresso regionale, coordinatore regionale di API.

237 Roberto Fornili, esponente della socialdemocrazia lombarda, è stato candidato per il PSDI al Senato in Lombardia nel 2006.

238 Antonello Longo, esponente socialdemocratico siciliano, è stato assessore al Comune di Catania.

239 Lucia Riefolo è una giovane socialdemocratica pugliese.

Il 14 ottobre 2007 giunse a conclusione il processo di fusione dei DS e della Margherita che diede vita al PD (Partito Democratico)[240], cui aderì anche Alleanza Riformista di Del Turco e Signorile.

Era forse vero, ci chiediamo, che un socialista, quando non è d'accordo su qualcosa all'interno del partito, fa una scissione?

E mentre il costruendo Partito Socialista perdeva „a sinistra" (o a „destra"?) gli uomini di Alleanza Riformista, già era pronta una defezione „a destra": quella de „I Socialisti Italiani", come si poteva dedurre dal fatto che, nel novembre 2007, Zavettieri non ritenne di sottoscrivere l'atto costitutivo dell'Associazione che avrebbe portato alla Costituzione del PS, in quanto non condivideva le finalità e i metodi su cui si era avviato il processo costituente. Non lo seguirono, in quella scelta, Bobo Craxi e il pugliese Franco Simone, ex segretario nazionale della FGSI, che invece decisero di aderire al nuovo Partito Socialista.

A quel punto il processo costituente dovette effettuare una pausa forzata a causa della crisi che andava

---

240 Dal *Manifesto dei valori* del PD (16-2-2008): *il Partito Democratico intende contribuire a costruire e consolidare, in Europa e nel mondo, un ampio campo riformista, europeista e di centro-sinistra, operando in un rapporto organico con le principali forze socialiste, democratiche, progressiste e promuovendone l'azione comune.* Primo segretario del PD è stato Walter Veltroni.

maturando nella maggioranza governativa e che infine sfociò, il 24-1-2008 in un voto di sfiducia (161 contro 156 e 1 astenuto) nei confronti del governo Prodi, che dunque rassegnò subito le dimissioni[241].

Dopo un „mandato esplorativo" al Presidente del Senato Franco Marini, risoltosi negativamente, il Presidente della Repubblica il 6-2-2008 decretò lo scioglimento delle Camere.

Le nuove elezioni furono fissate per i giorni 13 e 14 aprile 2008.

Il PSDI, dopo la caduta di Prodi, si orientò per la partecipazione alle sole elezioni amministrative locali, dando indicazione, alle politiche di votare scheda bianca o di far annullare la scheda scrivendovi „Saragat".

Il partito di Zavettieri presentò il proprio contrassegno al Viminale, ma decise di non partecipare alle elezioni.

Presentò il simbolo con l'intento di partecipare, invece, il Partito della Rifondazione Socialista (con candidato premier il segretario prof. Giuseppe Graziani), sorto nell'ottobre 2005 da una scissione del PS-NPSI, in seguito alla spaccatura Craxi-De Michelis. Il gruppo nel

---

241 Contestualmente si sciolse l'alleanza di centro-sinistra *L'Unione*.

2008 si costituì in una ONG[242] internazionale (Socialismo Umanitario Universale), che, fra l'altro, si assunse il compito di dimostrare che la mediazione tra la libertà economica individuale e la solidarietà sociale è la ricetta giusta per un'economia giusta.

I socialisti, anche sull'onda dell'entusiasmo per aver conseguito la tanto agognata unificazione[243], avrebbero voluto presentarsi col proprio simbolo e magari contarsi; ma, in base alla legge elettorale allora vigente, detta *Porcellum*[244], la partecipazione alla ripartizione dei seggi era riservata alle liste (bloccate, cioè senza preferenze) che avessero conseguito, per la Camera, almeno il 4 % dei voti (ma il 2 % se collegate ad una coalizione) e, per il Senato, l'8 % (il 3% se collegate).

---

242 Organizzazione Non Governativa.

243 Ma già mancavano il PSDI, il partito di Zavettieri e quello di Caldoro. In partenza, come vedremo, in futuro, per motivi diversi, erano Angius, Craxi, De Michelis, Spini.

244 Detta legge era stata approvata nel 2005 con i voti della sola maggioranza: Forza Italia, Alleanza Nazionale, UDC, Lega Nord. A definirla *Porcellum* era stato il senatore Roberto Calderoli (Lega Nord), principale autore della legge.

Era naturale dunque che il PSI cercasse il collegamento col suo alleato più naturale , il PD.

Il quale, invece, impose arrogantemente la scelta: o mettete vostri candidati nelle liste del PD, senza presentarne di vostre, oppure correte da soli senza collegamento[245]. Così facendo si sarebbe cancellata in Italia la presenza autonoma di una forza dichiaratamente socialista.

Di fronte a questo gesto di antisocialismo viscerale , che poteva ricordare le velenose polemiche del 1921 e l'aberrante dottrina comunista del „socialfascismo", la dignità politica impose al PS di presentarsi da solo, col proprio simbolo e con un proprio candidato premier, Enrico Boselli.

La vittoria toccò, grazie al premio di maggioranza stabilito dal *Porcellum*, alla coalizione di centro-destra (Popolo delle Libertà, Lega Nord , Movimento per l'Autonomia)[246] che aveva raggiunto la maggioranza relativa dei voti e che ottenne 340 seggi su 630 alla

---

245 Il collegamento fu invece concesso, senza problemi, all'Italia dei Valori, partito guidato da Antonio Di Pietro.

Camera e 174 su 315 al Senato. Di conseguenza fu costituito un nuovo governo Berlusconi.

Il meccanismo della legge elettorale, ma anche il brutto risultato elettorale (0,98 % alla Camera e 0,86 % al Senato) impedirono al PS e ad altri di avere una rappresentanza in Parlamento. Per la prima volta, nella storia della Repubblica, si ebbe un Parlamento senza socialisti e senza comunisti[247].

Conosciuti i risultati che mortificavano ogni aspettativa per la portata della sconfitta, non si fece attendere l'amaro commento di Enrico Boselli, che dopo aver accusato Veltroni di avere *responsabilità gravissime*, in quanto, a suo parere, aveva *spalancato le porte del governo a Berlusconi*, che ora disponeva di due maggioranze assolute, al Senato e alla Camera, annunciò le proprie dimissioni e la convocazione di un congresso straordinario per decidere il futuro dei socialisti. A questo punto, disse, *si impone una riflessione da parte del partito.*

---

246 Nelle liste del PdL furono rieletti alla Camera Stefano Caldoro e Lucio Barani del NPSI.

247 PRC, PdCI, Verdi e Sinistra Democratica si erano presentati assieme, con candidato premier Fausto Bertinotti, nella lista *La Sinistra l'Arcobaleno* che ottenne il 3,12 % alla Camera e il 3,21 % al Senato, con nessun eletto.

In questo quadro gli sembrava opportuno che il segretario si presentasse dimissionario al Congresso.

Su quanto avvenuto e sull'imminente congresso, ecco intanto una riflessione di Ugo Intini (16-5-2008): *L'idea guida deve essere quella di costituire un partito che faccia capo alla famiglia del socialismo europeo, con tutto quello che ciò comporta a livello programmatico. Un soggetto che attualmente manca nella politica italiana.*

Ed una di Valdo Spini (21-5-2008) : *In un partito che non è riuscito a superare l'1 % e si trova privo di rappresentanza parlamentare, il primo dovere che ho sentito è stato quello di lavorare in tutti i sensi e in tutte le direzioni per cercare di arrivare a un congresso unitario proiettato versio l'esterno e verso i problemi del Paese.*

Risorge il PSI

Il primo congresso del Partito Socialista (*Il presente è il futuro*) si tenne a Montecatini Terme dal 4 al 6 luglio 2008. In esso vennero sottoposte ai 700 delegati tre mozioni:

1) „Progetto e Ricambio", elaborata dall'ala sinistra del partito costituita da *Unità, Identità, Autonomia e Sinistra Socialista*, presentata da Angelo Sollazzo[248], Nerio Nesi[249] e da altri[250].

La mozione partiva da un'analisi impietosa del recente passato:

---

248 Angelo Sollazzo (n. 1978), ex consigliere della Regione Molise ed ex deputato, è stato membro del C.C., dell'Assemblea Nazionale e della segreteria del PSI, nonché membro dell'Esecutivo dello SDI.

249 Nerio Nesi (n. 1925), ex partigiano e banchiere, nel 1960 si iscrisse al PSI. È stato ministro dei LL.PP. nel governo Amato e presidente della Banca del Lavoro. In dissenso con Craxi, nel 1992 lasciò il PSI e nel 1995 aderì a RC, per la quale nel 1996 fu eletto deputato. Nel 1998 aderì al PdCI, che lasciò nel 2004. Il 15-4-2005 aderì allo SDI, da cui si staccherà nel 2008, dopo il primo congresso.

250 Felice Borgoglio, Angelo Cresco, Franco Froio, ex deputati, Turi Lombardo, ex assessore della Regione Sicilia, Felice Besostri, ex senatore. Seguivano altre 1250 firme.

Il fatto stesso che alle politiche nazionali, dal '94 all'aprile 2008, la dirigenza non aveva mai presentato il simbolo ufficiale del Partito, quasi vergognandosi di farlo, e realizzando alleanze sciagurate con soggetti politici distanti da noi (Segni, Dini, Verdi, Rosa nel Pugno) e comunque con un appiattimento totale con il partner di turno, denota chiaramente che i dirigenti hanno sempre teso a perpetuare se stessi...

E così concludeva:

> Come forza di sinistra abbiamo il dovere morale e politico di combattere contro ogni forma di povertà e di esclusione: questa lotta ha già unito il Paese, quando, nel dopoguerra, le forze di sinistra si allearono con i cattolici democratici e ne derivò il primo importante processo di sviluppo e di forte crescita economica.
>
> A quello spirito vogliamo ritornare, consapevoli delle insidie e delle difficoltà, ma anche più determinati ed ostinati nella nostra volontà.
>
> La volontà dell'ottimismo, della lotta per il progresso, della libertà, della democrazia!

2) „Prima la politica" fu presentata da Mauro Del Bue ed altri[251]. Anche questa mozione partiva da premesse piuttosto critiche:

La salvezza di un'organizzazione di partito non serve, in sé: non serve perpetuare un partito piccolo per garantire le carriere di microgruppi dirigenti provinciali e regionali che mirano in qualche modo a mantenere un assessorato o un seggio e, fino a ieri, una piccola pattuglia di parlamentari.

Le finalità della mozione le illustrò, l'8-7-2008 il giovane Francesco Mosca[252]:

Il nostro obiettivo è di riunire una nuova sinistra, non una replica della Sinistra Arcobaleno, ma una nuova formazione che veda la presenza di giovani e donne, che vada dai Radicali a Vendola, a Sinistra Democratica, ai Verdi e ad altre forze che non hanno una posizione ultramassimalista.

---

251 Franco Grillini, Pia Locatelli, Francesco Mosca, Lanfranco Turci. Seguivano molte altre firme.

252 Francesco Mosca, iscrittosi a 17 anni al SI nel 1994, era il segretario nazionale della Federazione Giovanile Socialista, che allora contava 3000 iscritti. La FGS era stata organizzata a partire dal 1994 da Marco Di Lello. Essa ha avuto i seguenti segretari: Marco Di Lello (1996-1999), Claudio Accogli (1999-2003), Gianluca Quadrana (2003-2006), Francesco Mosca (2006-2008), Luigi Iorio (2009-2011), Claudia Bastianelli (2011-2015), la prima donna nelle storia dell'organizzazione ad avere questo ruolo, Roberto Sajeva (2015/...).

La mozione candidava alla segreteria l'allora vicepresidente dell'Internazionale Socialista Donne, Pia Locatelli.

3) „Un nuovo inizio per il partito socialista", sostenuta da molti amministratori locali,aveva tra i suoi principali esponenti[253] Gavino Angius, Alessandro Battilocchio, Bobo Craxi, Gianni De Michelis, Marco Di Lello, Gianfranco Schietroma, Valdo Spini. Anch'essa partiva da una rilettura critica del passato:

Chiusi nelle diatribe identitarie del passato, amministratori di una rendita di posizione derivante dalle necessità generali di costruire coalizioni ampie e da leggi elettorali che favorivano questa soluzione, i gruppi dirigenti del movimento socialista hanno praticato una navigazione tattica oscillando tra una linea identitaria e un'altra proiettata nella ricerca di aggregazione con altre forze riformiste. Una politica che è stata spesso incapace di costruire la propria caratterizzazione su battaglie di largo respiro e di rilevanza nazionale.

Bisognava perciò *sottrarre il partito al pericolo dell'isolamento.* Nello stesso tempo si sottolineava la necessità dell'*autonomia socialista basata*

---

253 Primo firmatario era Riccardo Nencini, che era anche candidato alla segreteria.

sull'organizzazione e sull'identità di principi e valori modernamente interpretati.

Tuttavia non bisognava dimenticare che l'autonomia per sopravvivere ed essere politicamente feconda ha bisogno di essere coniugata con il tema delle alleanze, guardando con attenzione ai cambiamenti già avvenuti e a quelli in atto nell'attuale contesto del sistema politico ed elettorale.

Il dibattito[254] si chiuse con un accordo generale sul documento finale:

> [...]Il socialismo italiano, nella continuità dei propri valori e principi fondanti, difende e promuove le libertà, la giustizia sociale, le pari opportunità, la pace e la sicurezza internazionale, lo sviluppo sostenibile, l'Europa come nuova dimensione dell'azione politica.   [...] Il nostro Partito, per svolgere la sua funzione, consapevole delle presenti difficoltà, riafferma con fermezza:

- la collocazione nella famiglia del socialismo europeo e internazionale;

- la rappresentanza degli interessi sociali deboli in una politica di sviluppo e modernizzazione della società;

---

254 L'intervento di saluto di Walter Veltroni, leader del PD, peraltro accolto da fischi e contestazioni, si rivelò interessante per il tentativo di ricucitura fra i due partiti, PD e PS, ambedue propugnatori del riformismo nell'ambito del centrosinistra.

- la sua autonomia politica e organizzativa, condizione necessaria per sviluppare il proprio progetto e la propria iniziativa;

- *le garanzie di pluralismo e democrazia nella sua vita interna, essenziali anche per attuare con trasparenza ed efficacia il valore dell'unità del Partito.*

Dopo il ritiro, dettato da spirito unitario, di Pia Locatelli[255] della sua candidatura il congresso elesse, all'unanimità, Segretario Nazionale del PS (Partito Socialista) Riccardo Nencini[256], affiancato da una segreteria unitaria[257].

Il documento politico finale, votato a grandissima maggioranza, così si concludeva: *Questo è il nostro ruolo da sempre: il Partito Socialista vive solo se ha grandi*

---

255 Pia Locatelli il 25-7-2000 fu eletta presidente del Consiglio Nazionale del PS.

256 Riccardo Nencini (n. 1959) era stato consigliere comunale di Firenze dal 1990 al 1995 e deputato dal 1992 al 1994, anno in cui fu eletto europarlamentare. Dal 2000 al 2010 è stato presidente del Consiglio regionale della Toscana. Laureato in Scienze Politiche e in Lettere *honoris causa* è autore di saggi storici e romanzi.

257 Coordinatore nazionale della segreteria fu eletto Marco Di Lello. Membri della segreteria: Giuseppe Alberini, Roberto Biscardini, Luca Cefisi, Giovanni Crema, Mauro Del Bue, Lello Di Gioia, Luigi Incarnato, Gerardo Labellarte, Angelo Sollazzo; tesoriere: Oreste Pastorelli; segretario della FGS era Luigi Iorio.

obiettivi, muore se costretto nella mediocrità della gestione senza progetto.

Il simbolo era costituito da una bandiera rossa con dentro la scritta "Partito Socialista Italiano" (non più „Partito Socialista" come nel 2007) e una rosa circondata di stelle, con alla base la sigla „PSE".

Ancora movimenti

Non si era ancora spenta l'eco del congresso socialista, in cui tante belle parole erano state dette e tante speranze erano state suscitate, quando la perenne irrequietezza del socialismo italiano diede un'ulteriore riprova di sé. Il 29 settembre 2008 Gavino Angius, dopo la rottura coi DS perché contrario alla costituzione del PD, dopo quella con la „Sinistra Democratica" perché contrario alla „Cosa Rossa", annunciò quella con il PS, perché riteneva quello dell'unità socialista *un progetto fallito* e il suo passaggio al PD, a cui non aveva inizialmente aderito.

Lo seguì quasi l'intero gruppo di „Democrazia e Socialismo"[258], con la significativa eccezione di Valdo Spini. Questo l'amaro commento di Bobo Craxi (19-10-2008): *In fondo Gavino torna a casa sua: noi, per ragioni di coerenza politica, restiamo nella nostra.*

Facendo seguito a quanto era emerso dal dibattito congressuale e fidando nell'apertura manifestata da Veltroni nei confronti dei socialisti, nei mesi successivi la nuova leadership di Nencini iniziò una marcia di riavvicinamento verso il PD. Ma le tentazioni egemoniche dei grossi partiti nei confronti delle piccole formazioni, qual'era in quel tempo il PS, non erano finite. E infatti, desiderosi di rastrellare voti nelle rispettive aree confinanti, il PD di Veltroni e il PdL di Berlusconi si accordarono per inserire, per la prima volta, una soglia di sbarramento nelle elezioni per il Parlamento europeo.

Se le soglie di sbarramento potevano avere un senso nelle elezioni legislative, in cui, oltre a garantire la giusta rappresentanza alle varie posizioni politiche, occorreva assicurare ai cittadini governi di durata, solidi e non soggetti ai capricci o ai ricatti dei "partitini", per il Parlamento europeo che non aveva pressoché nessuna incidenza nel governo dell'Europa, esercitato dalla Commissione Europea e soprattutto dal

---

258 Franco Grillini, Accursio Montalbano, Alberto Nigra.

Consiglio dell'Unione Europea, non aveva alcuna giustificazione logica.. Il Parlamento europeo ha un potere d'indirizzo, di controllo e anche legislativo, per il quale non occorrono maggioranze solide, ma piuttosto rappresentanze democratiche di tutte le opinioni.

Ma, per volontà soprattutto del PD e del PdL, con legge 20-2-2009, fu introdotta la soglia di sbarramento del 4 % per l'accesso alla ripartizione dei seggi. Ciò metteva praticamente fuori del Parlamento europeo forze politiche di lunga tradizione europeista come i socialisti, i repubblicani, i liberali.

In vista delle nuove elezioni europee, la piccola formazione de „I Socialisti Italiani" di Zavettieri riuscì ad avere assegnato (in competizione col NPSI di Caldoro) e a presentare il simbolo (un garofano rosso con gambo e foglie verdi, inserito in una corona circolare di colore verde chiaro, con la dicitura „Socialisti Uniti", che da lì in poi diventerà il contrassegno ufficiale del partito), ma non a presentare la lista per mancato deposito delle firme.

Per il PS, di nuovo entrato in polemica col PD, fu giocoforza promuovere un'alleanza di forze affini che potesse superare la fatidica soglia e consentisse la presenza socialista italiana in Europa, in vista delle elezioni, fissate per il 6 e 7 giugno 2009[259].

I contatti furono indirizzati verso la sinistra non comunista e, dopo circa un mese di trattative, di giunse alla formazione di *Sinistra e Libertà* (SL), che fu presentata il 16 marzo 2009, alla presenza dei leader delle cinque formazioni politiche contraenti[260]: Marco Di Lello[261] per il PS, Grazia Francescato per i Verdi, Claudio Fava per „Sinistra Democratica"[262], Nichi

---

259 Contestualmente si sarebbero svolte alcune elezioni amministrative.

260 Erano presenti anche Achille Occhetto, Giovanni Berlinguer, Dacia Valent, ex comunisti, e il fisico Gianni Mattioli ex presidente dei Verdi (1988-1992).

261 Nencini era ricoverato in ospedale, in seguito ad un incidente stradale.

262 „Sinistra Democratica", era nata (5-5-2007) dalla sinistra DS che aveva rifiutato la confluenza nel Partito Democratico, dopo la scissione „a destra" di Angius, Spini e Grillini ((„Democrazia e Socialismo") e quella „a sinistra" di Cesare Salvi („Socialismo 2000"); SD si ricompattò sulla linea del segretario Claudio Fava (n. 1957), diretta a promuovere una *costituente della sinistra*, per arrivare alla creazione di un nuovo partito di sinistra. „Sinistra Democratica" si scioglierà, infatti, il 24-4-2010, per confluire nel nuovo soggetto politico plurale

Vendola per il Movimento per la Sinistra[263], Umberto Guidoni per. „Unire la Sinistra"[264].

Il contrassegno recava la scritta „Sinistra e Libertà" e includeva i simboli del PSE, della Federazione dei verdi e della „Sinistra Unitaria Europea – Sinistra Verde Nordica[265].

Ai socialisti facevano riferimento 15 candidature su 72 seggi da assegnare[266].

SINISTRA eLIBERTÀ

della sinistra „Sinistra Ecologia e Libertà" (SEL).

263 Il Movimento per la Sinistra (MpS), capeggiato da Nichi Vendola, era sorto dalla corrente di minoranza („Rifondazione per la Sinistra") del Partito della Rifondazione Comunista da cui si era staccato il 25-1-2009.. Nell'ottobre 2010 confluì in „Sinistra Ecologia e Libertà".

264 „Unire la Sinistra" (UIS), diretto da Umberto Gidoni e Katia Bellillo, era nato l'8-2-2009 da una scissione del Partito dei Comunista Italiani. Il 20-12-2009 confluirà in „Sinistra Ecologia e Libertà".

265 Gruppo parlamentare del Parlamento europeo, cui aderiscono deputati della sinistra socialista, comunista ed ecologica.

266 SD 27, Mps 19, Verdi 8, UIS 3.

Già nello stesso mese di marzo 2009 si ebbe la prima ripercussione negativa di quella scelta all'interno del PS. De Michelis, in dissenso con la decisione della Direzione del PS di aderire alla lista „Sinistra e Libertà", abbandonò l'attività di partito e sostenne poi una lista di centrodestra, incorrendo nel provvedimento di sospensione[267].

I risultati delle elezioni furono inferiori alle aspettative e soprattutto alle speranze, giacché la lista „Sinistra e Libertà", totalizzando il 3,13 % dei voti non ebbe alcun eletto[268]. Il che causò nuove riflessioni, nuove discussioni, nuovi dissensi.

Intanto gli alleati di „Sinistra e Libertà" tennero, nel luglio successivo, un seminario per decidere in qual modo continuare la collaborazione: o puntando a un partito unico o piuttosto, come preferivano PS e Verdi, ad una federazione. Una riunione del 23-7 2009 delle

---

267 Nel settembre 2009 De Michelis divenne consulente di Renato Brunetta, ministro per la Pubblica Amministrazione nel governo Berlusconi.

268 Al primo posto si classificò il PdL col 35,26 % dei voti e 29 eletti, seguito dal PD col 26,12 % e 21 eletti. Rimasero fuori del parlamento europeo anche la lista comunista PRC-PdCI e quella dei Radicali. I candidati socialisti raccolsero complessivamente 127.435 preferenze. Il più votato fu Marco Di Lello con 42.480 preferenze.

cinque segreterie rimandò la decisione del problema ad un'assemblea nazionale da tenersi il successivo 19 settembre a Napoli.

A questo punto emerse il dissenso esplicito di Bobo Craxi (26-7-2009): *Se, come pare annunciato, il 19 settembre il cartello politico „Sinistra e Libertà" darà vita a un vero e proprio partito politico, i socialisti autonomisti che non aderiranno, inevitabilmente daranno vita ad una formazione politica che difenda e tuteli la tradizione del socialismo italiano. Inoltre, verrà celebrato un democratico Congresso, quello che viene irritualmente negato a chi si oppone al progetto Sinistra e Libertà.*

A questo punto le cose sembrarono precipitare. L'11 settembre , ancora all'interno del PS, Bobo Craxi e altri annunciarono per il successivo 10 ottobre una *convention nazionale dei socialisti autonomisti, contrari alla confluenza in Sinistra e Libertà.*

Il 7 ottobre 2009 il PS riassunse lo storico nome di PSI (Partito Socialista Italiano).

Il 10 successivo si verificarono due importanti avvenimenti: l'uscita dei Verdi da „Sinistra e Libertà"[269]

---

269 La decisione era stata presa dalla XXX assemblea nazionale della Federazione dei Verdi, che aveva respinto l'adesione al costruendo partito ed eletto nuovo segretario Angelo Bonelli. La minoranza però decise di non abbandonare la coalizione e si costituì in Associazione Ecologisti, guidata da Loredana De

e la nascita di un nuovo soggetto politico derivante dalla fusione dei „socialisti autonomisti" guidati Da Bobo Craxi e de „I Socialisti Italiani" di Zavettieri. La nuova formazione prese il nome di „Socialisti Uniti-PSI" , con segretario Zavettieri e presidente Craxi. L'obiettivo – spiegarono i due – era quello di rimettere insieme la famiglia per dar vita ad un movimento autonomo che sceglierà poi con chi allearsi in vista delle prossime elezioni regionali.

Nencini giudicò tale scelta *priva di futuro e fintamente autonomista*.

L'uscita dei Verdi dalla coalizione di „Sinistra e Libertà" non era che il primo segno di una crisi destinata ad allargarsi. Il 14 novembre il segretario socialista Nencini annunciò che la collaborazione con gli altri partiti del cartello era conclusa e che dunque non aveva più senso mantenere in vita la coalizione[270].

Questa decisione fatalmente porterà, nel febbraio 2010, alla ricomposizione con la corrente di Bobo Craxi, ufficializzata dall'ex sottosegretario col rinnovo della tessera del PSI

Petris.

270 La decisione non fu condivisa dalla corrente di sinistra *Socialismo e Sinistra*. Il 20-12-2009 gli altri gruppi fondarono „Sinistra Ecologia Libertà", con leader Nichi Vendola.

Contestualmente alle elezioni europee si erano svolte alcune elezioni amministrative, fra cui due di una certa rilevanza, almeno per questa storia della diaspora socialista che state leggendo.

Già dal 12 novembre 2008 Valdo Spini aveva annunciato la sua volontà di candidarsi a sindaco di Firenze, cosa che poi effettivamente fece, con l'appoggio di tre liste[271]. Spini si classificò terzo con l'8,37 %, ma tuttavia fu eletto consigliere comunale[272]. Considerata la posizione di distacco dalla sua candidatura assunta dal PSI, da allora Spini non prese la tessera del partito e divenne di fatto un indipendente.

A Bari si parlava della presentazione del segretario nazionale del PSDI come candidato a sindaco, ma la candidatura venne poi ritirata a favore del candidato del centro-destra. Al di là del fatto numerico[273], tale

---

271 „Spini per Firenze", „Sinistra per la Costituzione" e Rifondazione Comunista.

272 Sindaco fu eletto Matteo Renzi del PD, il quale al secondo turno fu appoggiato anche da Spini.

273 Il PSDI raccolse appena lo 0,9 % e non conquistò nessun seggio. Sindaco venne eletto, al secondo turno, il candidato del centro-sinistra Michele Emiliano, col 59,8 %. Della stessa coalizione di centro-destra faceva parte anche il NPSI di Caldoro che ottenne l'1 % e nessun seggio. Alle europee il NPSI, membro del PdL, non presentò liste.

collocazione stava ad indicare un rovesciamento di strategia della neosocialdemocrazia, con una scelta di campo che aveva poco a che fare con la tradizione antifascista di Saragat.

L'11-9-2009 la Direzione del PSDI approvò un nuovo organigramma che confermava Mimmo Magistro segretario nazionale e Alberto Tomassini presidente[274].

---

274 Questo il nuovo organigramma approvato dalla Direzione del partito: Alberto Tomassini presidente del Consiglio Nazionale, Mimmo Magistro segretario nazionale. Vicesegretari: Antonello Longo, Vito Robles; pari opportunità: Norina Mercuri; componenti dell'Esecutivo: Carmelo Bonarrigo (enti collaterali), Raffaele Pollice (enti locali), Mario Calì (organizzazione), Angelo Scavone (riforme), Francesco Santoianni (lavoro), Massimiliano Valveri (giustizia); Responsabile GSDI: Lucia Riefolo; tesoriere: Paolo Del Prete.

Non mollare

Un fatto, anche il più modesto, conta più di una
montagna di ipotesi.
(Pietro Nenni)

La ripresa

Alle elezioni regionali del 28 e 29 marzo 2010 riguardanti 13 regioni, il PSI appoggiò ovunque i candidati alla presidenza del centro-sinistra. Per quanto invece riguardava l'elezione dei Consigli regionali, esso scelse varie formule, a seconda della regione, sempre nell'ambito del centro-sinistra: col proprio simbolo in Basilicata, Lazio e Lombardia; con liste comuni PSI-SEL in Calabria, Campania e Veneto; con propri candidati nella lista di SEL in Puglia; con propri candidati nelle liste del PD in Emilia-Romagna e Toscana; in alleanza con movimenti minori nelle Marche e in Umbria); con propri candidati nella lista „Noi con Claudio Burlando" in Liguria; con lista comune PSI-Socialisti Uniti[275] in Piemonte. In quest'ultima regione il simbolo comune era formato dal garofano di Zavettieri e dalla rosa di Nencini, congiuntamente inseriti in uno spazio bianco dentro una corona circolare verde e rossa.

Piemonte 2010

Il PSI elesse 14 consiglieri regionali, classificandosi terzo fra le liste del centro-sinistra, dopo il PD e l'IdV.

In Campania, dove, per il centro-destra, era candidato alla presidenza il suo leader Stefano Caldoro[276], il NPSI si presentò in una lista comune con MpA (Movimento per l'autonomia), PRI e InM (Italiani nel Mondo),

---

275 In conformità al loro statuto, i „Socialisti Uniti" si presentarono in varie regioni con accordi elettorali diversificati. In Calabria presentarono la lista in appoggio al candidato del centro-destra.

276 Caldoro, sostenuto da tutto il centro-destra, fu eletto al primo turno col 54,27 % dei voti.

ottenendo 3 consiglieri sui 4 conquistati dalla lista col suo 5,81 %.

Nel corso del 2010, in Sicilia, i liberalsocialisti di Salvo Andò erano tornati ad organizzarsi in Circoli Socialisti, con l'intento di creare una rete fra tutti i gruppi socialisti sparsi per l'isola.

Dal 9 all'11 luglio di quell'anno si tenne a Perugia, al *Jazz Hotel*, il 2° congresso del PSI (*Anticipare il futuro*). Il congresso, a cui parteciparono 621 delegati in rappresentanza di 26.123 iscritti, si svolse in modo sostanzialmente unitario, approvando la linea del segretario Nencini, saldamente autonomistica sulla sopravvivenza del partito e nello stesso tempo realistica per quanto riguardava la contrazione di alleanze.

Interessante,come sempre, la posizione dei fratelli Craxi, espressa senza peli sulla lingua e per questo di immediata e facile percezione, enunciate con un linguaggio molto aperto assai simile a quello del loro illustre padre. Ecco un estratto di loro dichiarazioni (10-7-2010) in occasione del congresso:

Stefania: *Poiché i socialisti, pur ridotti ai minimi termini, non sono mai stati graditi all'ex PCI, la conventicola di Boselli si è infilata in tutte le avventure immaginabili e possibili: è stata verde con Pecoraro Scanio, anticlericale con Pannella, clericale con Prodi, ma sempre ancorata a sinistra, sempre dimentica di Craxi, senza mai riflettere sulle ragioni per cui l'80 % dell'elettorato del PSI era trasmigrato in FI.*

Bobo: *I socialisti che stanno nel PdL incominciano a farmi pena. Il problema è che i socialisti non possono stare con chi rappresenta oggi nel Paese non più la medicina, ma la malattia da cui dobbiamo guarire.*

Il congresso riconfermò alla segreteria nazionale, con soli 11 voti contrari e 4 astenuti, Riccardo Nencini ed elesse un Consiglio Nazionale di 330 membri (più il segretario).

Successivamente, il 19-9-2010, il Consiglio Nazionale elesse i 50 membri di sua spettanza nella nuova Direzione, a cui sarebbero stati aggiunti il segretario del partito Riccardo Nencini, la presidente del Consiglio Nazionale Pia Locatelli, il tesoriere Oreste Pastorelli, il presidente della Commissione Nazionale di Garanzia Giovanni Crema[277], il segretario giovanile, i segretari regionali, Gennaro Acquaviva (presidente della *Fondazione Socialismo*) e Luigi Covatta (direttore di *Mondoperaio*).

Lo stesso giorno la Direzione elesse, con 1 solo astenuto, la nuova segreteria[278], che, in data

---

277 Crema fu eletto dalla C.N.G. Vice presidente fu eletto Franz Caruso e segretario Federico Novelli.

278 Essa risultò composta, oltre che dal segretario Nencini, da Marco Di Lello, Franco Bartolomei, Roberto Biscardini, Luca

4-11-2010, provvide alla distribuzione degli incarichi di lavoro[279].

Dal 22 al 24 ottobre 2010 si tenne a Barletta, all'*Hotel Itaca*, il XXVIII congresso del PSDI, a cui parteciparono 138 delegati, in rappresentanza delle 78 federazioni provinciali. Il congresso adottò un nuovo Statuto federale che modificò la composizione del Consiglio Nazionale, composto di 91 membri, 46 dei quali eletti direttamente dai congressi regionali ed introdusse un „Comitato Etico" con la funzione di sovrintendere al tesseramento e alle candidature per le elezioni. Per quanto riguardava le aspirazioni strategiche di lungo respiro, così le riassunse il segretario Mimmo Magistro: *Il PSDI lancia una nuova sfida per realizzare, in 10-15 anni gli Stati Federali dell'Euromediterraneo. [...] Ormai, anche grazie alla caduta del Muro di Berlino,*

Cefisi, Rita Cinti Luciani, Bobo Craxi, Mauro Del Bue, Lello Di Gioia, Luigi Incarnato, Gerardo Labellarte, Patrizia Marchetti, Gennaro Mucciolo, Nino Oddo, Donato Pellegrino, Silvano Rometti, Gianfranco Schietroma, Angelo Sollazzo. Membri di diritto Giovanni Crema (presidente C.N.G.), Oreste Pastorelli (tesoriere).Luigi Iorio (segretario FGS) e Rocco Vita (presidente della "Consulta nazionale degli amministratori").

279 Coordinatore della segreteria fu riconfermato Marco Di Lello. A capo dei dipartimenti furono nominati Angelo Sollazzo (organizzazione), Andrea Nesi (media), Gerardo Labellarte (autonomie locali), Bobo Craxi (politiche internazionali), Enzo Ceremigna (rapporti sindacali).

abbiamo raggiunto l'obiettivo di una vera unità politica ed economica dell'Europa. Ora, dobbiamo guardare avanti ed aprire l'Europa verso tutti quei paesi che si affacciano sul Mediterraneo.

Il congresso si svolse in forma unitaria, sulla base di un'unica mozione intitolata *Riformismo per il XXI secolo*, sottoscritta dall'intero gruppo dirigente. Il che costituiva, secondo Magistro, *segno di unirà, ma anche testimonianza di un Partito che vuole tornare a svolgere un ruolo di protagonista e non ha paura del nuovo che avanza.*

Il congresso elesse un Consiglio Nazionale di 121 membri complessivi (Presidente Angelo Scalone); la Direzione Nazionale risultò composta di 24 membri.

Questo infine il vertice scaturito dal congresso: Presidente Nazionale: Alberto Tomassini; Segretario politico (per il triennio 2010-2013): Mimmo Magistro; segreteria (oltre il presidente e il segretario) composta da Mario Calì[280] (vicesegretario vicario) Vito Robles[281] (vicesegretario), Paolo Del Prete[282] (tesoriere), Lucia Riefolo (responsabile GSDI) e da Serafino Conforti,

---

280 Già segretario regionale del PSDI in Toscana e responsabile nazionale dell'organizzazione.

281 Coordinatore del PSDI di Brescia e della Lombardia.

282 Esponente socialdemocratico di Barletta.

Antonello Longo, Antonio Coppi[283], Carmelo Bonarrigo[284].

Andate e ritorni

Il 3 aprile 2011, nella sala del Tricolore del municipio di Reggio Emilia, la stessa in cui il 7 gennaio 1797 la Repubblica Cispadana adottò la bandiera della nuova Italia, il Consiglio Nazionale del PSI decise di inserire il tricolore nel simbolo del partito, per onorare il 150° anniversario dell'Unità d'Italia.

L'assemblea era stata tenuta sia per sottolineare l'adesione dei socialisti ai valori dell'Italia unita , che per lanciare la campagna elettorale amministrativa per le elezioni che si sarebbero tenute il 15 e 16 maggio 2011, alle quali il PSI si sarebbe presentato col suo simbolo o in alleanza con l'area riformista e laica, ottenendo significative affermazioni, sempre nell'ambito del centro-sinistra, uscito vittorioso dalle urne.

---

283 Antonio Coppi (n. 1948), industriale vinicolo, è un ex senatore del PSDI (1992-1994).

284 Esponente socialdemocratico di Viterbo.

Un autentico colpo di scena fu in seguito la notizia che, in data 22 giugno 2011, il Tribunale di Roma aveva stabilito l'illegittimità della sospensione di Renato d'Andria dalla carica di segretario politico del PSDI e che l'elezione a segretario nazionale dello stesso D'Andria era stata legittima e valida.

Un altro cambiamento avvenne in casa del Nuovo PSI il 25 giugno 2011, quando il Consiglio Nazionale elesse – per acclamazione – segretario nazionale del Partito Lucio Barani[285], mentre all'uscente Stefano Caldoro, in atto Presidente della Regione Campania, venne affidata la carica di Presidente del partito[286]. Barani,

---

285 Lucio Barani (n. 1953), medico, è stato sindaco di Aulla (1990-2004) e di Villafranca in Lunigiana (2004-2009). Dopo lo scioglimento del PSI (1994), aderì al PSR e poi al PS di De Michelis e infine al NPSI di Caldoro. È stato deputato dal 2006 per due legislature e senatore nella XVII legislatura.

Il 5-8-2015 lascerà il NPSI.

286 Presidente del Consiglio Nazionale: Roberto Scheda; vicesegretari: Francesco Pizzo e Laura Schianchi; coordinatore della segreteria: Antonino Di Trapani.

una volta definito *più craxiano di Craxi*, nell'assumere l'impegnativo incarico, promise *una politica riformista, come da tradizione socialista, mettendo al primo posto l'occupazione e le disparità sociali*.

Un primo test sulla bontà della linea politica di Nencini del dialogo furono le elezioni regionali in Molise del 16 e 17 ottobre 2011, in cui il PSI ottenne un buon 4,58 % ed elesse un consigliere regionale[287] sui trenta di cui è composto il Consiglio.

Un ulteriore successo il PSI l'ottenne con l'adesione al Partito del senatore Carlo Vizzini[288], ex segretario nazionale del PSDI, che era stato eletto nelle liste del PdL. Tale adesione restituiva al PSI una presenza in Parlamento.

Qualche giorno dopo, il 12-11-2011, il Presidente del Consiglio Berlusconi rassegnò le dimissioni del governo nelle mani del Capo dello Stato Napolitano, il quale, il successivo 16 novembre, nominò al suo posto il senatore a vita Mario Monti, il quale costituì un governo tecnico, da lui definito *governo di impegno*

---

287 Gennaro Chierchia.

288 Carlo Vizzini (n. 1947), professore universitario, è stato parlamentare dal 1976 al 1994 e dal 2001 al 2013 e segretario del PSDI dal maggio1992 all'aprile 1993. In tale veste fu tra i fondatori del PSE. Nel 1998 aderì a FI. L' 8-11-2011 passò al PSI.

nazionale, con lo scopo principale di fronteggiare la forte crisi economica che incombeva sull'Italia.

Ma le novità nell'effervescente mondo del socialismo italiano e di quello che si diceva tale non erano certo finite.

Nell'angolo di mondo della socialdemocrazia, il 22 novembre 2011 si consumò l'ennesima scissione. Convenuti a Bari, infatti, lasciarono la casa madre 28 dei 31 componenti della vecchia Direzione, quella che aveva operato con Mimmo Magistro segretario, e fondarono un nuovo movimento denominato „iSD" (i Social Democratici – Federalisti per l'Euromediterraneo).

Magistro, eletto segretario del nuovo movimento, ci tenne a precisare: *Non è l'ennesima scissione, ma un nuovo contenitore moderno, aperto ai giovani, a tutti i riformisti, laici, radicali e socialisti che non si riconoscono nei vecchi partiti e che da questi ultimi si sono allontanati.*

> [...] Vogliamo rapportarci al mondo delle ragazze e dei ragazzi che studiano e cercano il lavoro, ai disoccupati, a chi ancora vuole scommettersi nel lavoro autonomo e nella piccola e micro impresa, alle donne il cui ruolo è ancora troppo spesso marginale, agli intellettuali che non accettano di farsi portavoce delle fazioni della politica urlata e vuota di identità, che ha ridotto lo spirito

liberale a slogan pubblicitario e il socialismo a pezzo da museo.

Dirigenti e militanti del nuovo movimento erano quasi interamente quelli esistenti al periodo immediatamente precedente il ritorno di D'Andria alla guida del PSDI, dal quale si separarono con l'intento di non promuovere altri ricorsi, ma piuttosto di intraprendere un cammino autonomo. Di conseguenza anche il simbolo da loro adottato fu assai diverso da quelli tradizionali della socialdemocrazia italiana.

Successivamente anche l'altro universo socialista, quello discendente dal PSI, si arricchì di un'altra stella.

Il 26 novembre 2011, al *Teatro Nuovo* di Milano, prese il via il progetto di partito lanciato da Stefania Craxi, che assunse la denominazione di „Riformisti Italiani". Già all'esordio vi furono due importanti adesioni: quella dei „Socialisti Uniti" di Zavettieri e quella di alcuni esponenti riformisti assai noti, quali Gianni De Michelis, Alessandro Battilocchio e Renzo Tondo[289].

---

289 Renzo Tondo (n. 1956), laureato in Scienze Politiche, è stato sindaco di Trieste (1990-1994) per il PSI, assessore regionale (1998-2001) e poi presidente della Regione Friuli-Venezia Giulia

Stefania Craxi, presidente della nuova formazione, la definì *un movimento politico che compie una battaglia politica.*

Principale obiettivo politico dei „Riformisti Italiani" era quello di arrivare, disse la Craxi, ad un'*Assemblea Costituente composta da cento personalità che lavori alla redazione della nuova carta fondamentale dello Stato, da sottoporre poi a referendum.* In fondo a questo percorso c'era il presidenzialismo, considerato come *la logica conseguenza dei pasticci combinati in questi ultimi anni dalla politica.*

Dal 2 al 4 dicembre 2011 ebbe luogo un'Assemblea Nazionale Congressuale[290] programmatica del PSI a Fiuggi sul tema Idee e azioni per cambiare, con vari

(2001-2003) per FI e quindi deputato nella XV legislatura e poi di nuovo presidente della Regione (2008-2013), sempre per FI, poi PdL.

290 Deliberata dal Consiglio Nazionale del PSI del 10-9-2011. Vi parteciparono 590 delegati.

relatori su numerose tematiche, quali *Un secondo repubblicanesimo; Fare, creare, innovare; Più Europa, meno Destra; Il futuro nella terra del sapere; Merito e inclusione; La rivoluzione del buonsenso; La cittadinanza nello Stato laico.*

Quale futuro?

È possibile che ci annientino, ma il domani apparterrà al popolo, apparterrà ai lavoratori. L'umanità avanza verso la conquista di una vita migliore.
(Salvador Allende)

Il ritorno

Il 2012 si aprì con una piccola confluenza che mise termine ad una piccola scissione. Come accadeva ormai da anni, l'11 gennaio, 65° anniversario della celebre scissione di Palazzo Barberini (1947), in seguito alla quale fu fondato il PSDI[291], una delegazione di socialdemocratici ferraresi del raggruppamento fondato da Luigi Preti nel 1996 („Rinascita

---

291 In realtà il partito nato dalla scissione del 1947 si chiamava PSLI (Partito Socialista dei Lavoratori Italiani). In seguito il PSLI si fuse col PSU (Partito Socialista Unitario, fondato nel 1949). guidato da Giuseppe Romita. Il partito nato dalla fusione (1951) assunse la denominazione di PS(SIIS) (Partito Socialista-Sezione Italiana dell'Internazionale Socialista), che il 7-1-1952 modificò definitivamente la sua denominazione in PSDI.

Socialdemocratica") ed ora diretto da Vittorino Navarra, si recò a Roma per partecipare alla apposita cerimonia e ricordare il fondatore Saragat e lo stesso Preti. In quell'occasione, il segretario nazionale del PSDI Renato D'andria annunciò la fine della diaspora socialdemocratica, in seguito alla confluenza nel PSDI di Rinascita Socialdemocratica. Successivamente Navarra fu eletto portavoce nazionale del PSDI.

I recenti movimenti succedutisi nello scenario politico, quello dell'area socialista in particolare, erano dovuti anche al fatto che si sapeva che il governo Monti, una volta traghettato il Paese fuori dalle acque più pericolose, si sarebbe dimesso per restituire la parola agli elettori attraverso nuove elezioni politiche.

Tale prospettiva, presumibilmente non molto lontana nel tempo, rimise in fibrillazione il mondo politico.

I risultati delle amministrative del 6 e 7 maggio 2012, vinte dal centro-sinistra, che conquistò 14 dei 20 comuni capoluogo in cui si votava, incoraggiarono il dialogo a sinistra. I socialisti ottennero dei positivi risultati dove si presentarono. In particolare al comune di Carrara, dove venne riconfermato al primo turno,col 54,2 %, il sindaco uscente Angelo Andrea Zubbani e il PSI ottenne un lusinghiero 14,42 %, eleggendo 4 consiglieri su 40. In questa competizione, sempre collocato nel centro-destra, il NPSI si presentò in una lista „La Destra – Nuovo PSI", che ottenne il 2,82 %, senza riuscire ad eleggere alcun consigliere.

Nell'ambito del centro-sinistra si intensificò il tentativo di avviare un processo di avvicinamento, facilitato anche dalla presenza al vertice del PD di un nuovo segretario, Pier Luigi Bersani.

Dopo laboriose trattative, si giunse alla stipulazione di un'alleanza politico-elettorale tra PSI, PD e SEL , la quale assunse il nome di *Italia. Bene Comune*. Essa venne annunciata il 31 luglio 2012 da Bersani e ufficializzata il successivo 13 ottobre con la firma di una *carta d'intenti* da parte di Pier Luigi Bersani (PD), Nichi Vendola (SEL) e Riccardo Nencini (PSI).

La carta d'intenti sostanzialmente si basava su 10 punti programmatici, che poi erano gli obiettivi fondamentali della coalizione: Europa, democrazia, lavoro, uguaglianza, libertà, sapere, sviluppo sostenibile, beni comuni, diritti, responsabilità.

Si lasciava, inoltre, la porta aperta, ad eventuali intese con forze centriste e democratiche disponibili ad impegnarsi *a promuovere un patto di legislatura di ispirazione costituzionale ed europeista.*

Gli alleati fissarono pure la data per le elezioni primarie per la scelta del candidato comune alla presidenza del Consiglio. Esse si svolsero, con un sistema a doppio turno, il 25 novembre e il 2 dicembre 2012 e furono vinte da Bersani[292], sostenuto anche dal PSI, col 60,9 %.

Successivamente si aggiunsero all'alleanza il „Centro Democratico"[293] e alcuni soggetti politici regionali[294]. Favorevole il commento di Riccardo Nencini: *In Italia servono alleanze tra la Sinistra e un partito cattolico liberaldemocratico. Questo asse va creato perché da lì passa il buongoverno del Paese.*

All'approssimarsi delle elezioni politiche, fissate per domenica 24 e lunedì 25 febbraio 2013, il PSI, consapevole di non essere nelle condizioni di poter superare la soglia di sbarramento, decise di presentare

---

292 Al secondo turno, contro Matteo Renzi.

293 Raggruppamento politico presentato il 28-12-2012 da Bruno Tabacci, di formazione cristiano-democratica, e da Massimo Donati, ex capogruppo dell'IdV, in polemica col leader Di Pietro. Così Tabacci spiegò le finalità del movimento: *Il nostro obiettivo è far vincere il centro-sinistra come alternativa a Silvio Berlusconi e alle sue pulsioni populiste e antieuropeiste.* Il CD centrerà in pieno il suo obiettivo, perché saranno proprio i suoi voti a dare la vittoria alla coalizione *Italia.Bene Comune.*

294 Ad esempio il PATT (Partito Autonomista Trentino Tirolese) e la SVP (Sudtiroler Volkspartei).

propri candidati nelle liste del PD[295] sia alla Camera che al Senato[296].

Ciò naturalmente non fece venir meno l'orgoglio socialista. Bobo Craxi scrisse (10-2-2013):

> *Nella sinistra italiana ci siamo noi, noi socialisti, che ci battiamo per l'affermazione della coalizione, impegnati in alcune regioni fondamentali e di frontiera per affermare la vitalità del più antico partito della democrazia italiana.*

Il Nuovo Psi, ormai completamente integrato nel PdL, ebbe inseriti alcuni candidati nel partito di Berlusconi, con in testa il segretario Barani[297].

Dopo una prima fase di costruzione del movimento da lei fondato, culminata in varie assemblee regionali, il 1°

---

295 Fra i candidati i principali leader del PSI: Riccardo Nencini (segretario nazionale), Pia Locatelli (presidente onoraria dell'Internazionale Socialista Donne), Marco Di Lello (coordinatore della segreteria), Oreste Pastorelli (tesoriere), Lello Di Gioia (responsabile dell'organizzazione), Gerardo Labellarte (responsabile enti locali).

296 Tranne in Calabria, Campania e Lazio, dove le liste per il Senato erano comuni solo per la Camera. La lista socialista per il Senato del Lazio era capeggiata da Bobo Craxi. Vi faceva parte il noto giornalista socialista Carlo Correr, redattore capo dell'*Avanti!*.

297 Sarà eletto in Lombardia.

giugno 2012, Sfefania Craxi[298] aveva annunciato l'intenzione dei „Riformisti Italiani" di partecipare simbolicamente da soli con proprie liste alle politiche del 2013 in alcune circoscrizioni, per testimoniare la propria battaglia a favore del presidenzialismo. Tale orientamento fu riconfermato in una grande manifestazione a Roma dell'8 dicembre 2012.

Per l'occasione, il 1°gennaio 2013, fu raggiunto un accordo poltico-elettorale per la presentazione di liste comuni tra Riformisti Italiani, PSDI e iSD (i Social Democratici) di Mimmo Magistro[299].

Le elezioni furono vinte dal centro-sinistra, che ottenne, grazie al meccanismo della legge elettorale, la maggioranza assoluta alla Camera (345 seggi su 630) e quella relativa al Senato (123 seggi su 315 senatori elettivi).

---

298 Nel dicembre 2011 aveva lasciato il PdL e si era iscritta al Gruppo Misto.

299 La lista, presente alla Camera in 4 circoscrizioni (Calabria, Lombardia 1, Puglia, Veneto 1) e al Senato in Calabria e in Veneto, ottenne lo 0,02 % alla Camera e lo 0,01 % al Senato, senza nessun eletto.

Il PSI rientrò in Parlamento con quattro deputati e due senatori, tutti eletti nelle liste del PD. Furono eletti alla Camera Lello Di Gioia[300], Marco Di Lello (che sarà anche il capo delegazione), Pia Locatelli e Oreste Pastorelli. Al Senato andarono il segretario Riccardo Nencini e Fausto Longo[301].

Contestualmente alle Politiche, si tennero le elezioni regionali in Lazio, in Lombardia e in Molise, dove il PSI si presentò con proprie liste. In Lazio, dove vinse il centro-sinistra, il PSI con l'1,98 % ottenne un consigliere regionale. In Lombardia (0,30 %), andata al centro-destra, e in Molise (1,87 %), andato al centro-sinistra, invece, non conquistò alcun seggio

Non essendo riuscito Bersani a formare un governo di centro-sinistra, in quanto la coalizione era priva di maggioranza al Senato, il Presidente della Repubblica Napolitano (riconfermato il 20-4-2013) conferì l'incarico di formare il nuovo governo a Enrico Letta, vicesegretario del PD. Essendo per necessità di cose il nuovo governo di *larghe intese*, cioè formato da PD, centristi e Pdl di Berlusconi, Nichi Vendola, leader di

---

300 Raffaele Di Gioia (n. 1951), laureato in Scienze Politiche, era stato sindaco di San Marco la Catola e deputato socialista dal 2001 al 2006.

301 Fausto Guilherme Longo (n. 1962), architetto, è stato eletto nella Circoscrizione „America meridionale".

SEL annunciò che il suo partito non avrebbe fatto parte del governo, ponendo così di fatto fine alla coalizione di centro-sinistra, che dunque si dissolse.

Pur non avendo alcun rappresentante nel governo Letta, alla fine di aprile il PSI votò la fiducia al nuovo esecutivo.

Alle elezioni amministrative che si svolsero tra il maggio e il giugno 2013, il PSI, sempre sostenendo i candidati a sindaco del centro-sinistra, presentò propri rappresentanti nelle liste del PD, tranne in alcuni casi[302]. Quando Ignazio Marino (PD) lasciò il suo seggio al Senato per fare il sindaco di Roma, gli subentrò (22-5-2013) il socialista Enrico Buemi[303], il che portò a tre i senatori socialisti.

Assestamenti

Sul N.34 del 6 ottobre 2013 sull'*Avanti! della domenica* apparve il seguente „avviso ai lettori":

---

302 Barletta (lista propria), Isernia (assieme a SEL) e Iglesias assieme al PdCI.

303 Enrico Buemi ((n. 1947), in gioventù iscritto al PCI, è stato due volte deputato, dal 2001 al 2007, prima di essere senatore. È il leader dei socialisti piemontesi.

„Con questo numero l'Avanti! della domenica sospende le pubblicazioni per integrarsi nell'Avanti! quotidiano edizione online. Collaboratori e lettori possono continuare ad utilizzare per ogni comunicazione la posta elettronica avanti@partito.socialista.it. Appuntamento su www.avantionline.it.

La direzione e la redazione ringraziano lettori e collaboratori per il cammino fatto assieme nella speranza che possa proseguire con l'Avanti! online."

L'indice si apriva con un mordace elzeviro (*Cicchitto e Dudù*) di Mauro Del Bue dedicato alle decisioni del leader PdL a proposito del governo Letta:

Nessuno pensava che il PdL fosse un partito. Nessun congresso, organi pletorici, leader proprietario che paga tutto.

Oggi si è superato ogni immaginazione. Il capo decide e comunica, prima, le dimissioni dei parlamentari, poi, per coerenza, anche le dimissioni dei ministri, annunciandogliele attraverso il suo avvocato. Ci ripensa e sospende le dimissioni dei parlamentari, ma conferma quella dei ministri. Potrebbe anche rifare tutto all'inverso, decidere, che so, solo le dimissioni dei sottosegretari, e nominare ministro la Pascale e senatore Dudù. Infine comunica il tutto ai parlamentari, ma senza aprire un dibattito. E se Cicchitto lo chiede lo invita a cena.

Spaghetti al pesto o al pomodoro? Questo lo può decidere Cicchitto.

E si chiudeva (neanche a farlo apposta!) con due lettere al direttore, di cui una dell'autore di queste note, sulle recenti elezioni tedesche:

Leggendo la lettera del comp. M. Battaglia di Savona, mi è sembrato di capire che egli preferisce che si formi in Germania, un governo CDU-CSU/SPD, partiti che si sono combattuti durante tutta la campagna elettorale, piuttosto che la SPD formi un governo di sinistra, che avrebbe una sua maggioranza parlamentare, con i Verdi (con cui ha già collaborato) e con la Linke („La Sinistra"), in quanto non si deve avere nulla a che fare con quest'ultima. Perché? Perché – qualcuno pensa - la Linke è l'erede della SED, il partito comunista dell'ex Germania Est, quello del famigerato muro, per intenderci.

Non mi pare sia precisamente così. La Linke è un partito nato dalla fusione (2007) tra il movimento" Lavoro e Giustizia Sociale-Alternativa elettorale" (sorto, nel 2005, da una scissione della sinistra della SPD, guidata da Oscar Lafontaine, già leader della intera socialdemocrazia tedesca) e il PDS (Partito della Sinistra, fondato nel 1990 in Germania Est), erede quest'ultimo sì della SED, in cui, però, nel corso degli anni, sono confluiti vari gruppi pacifisti, ambientalisti, femministi.

Sicché nella attuale Linke, guidata fino al 2009 dal socialdemocratico Lafontaine, i gruppi di discendenti della SED, di cui nessuno osa più predicare il comunismo, sono minoritari.

Tutti dicono che la signora Merkel ha vinto le elezioni. Io dico, più prosaicamente, che il partito della signora Merkel ha ottenuto un ottimo risultato, ma aggiungo che prima delle elezioni la signora era sostenuta in parlamento da una larga maggioranza, mentre ora la sua coalizione è in minoranza e per governare deve chiedere sostegno ad uno dei tre partiti di sinistra presenti al Bundestag.

La SPD ha i suoi buoni motivi per operare le sue scelte, ma noi italiani perché dobbiamo avere certi pruriti verso la Linke, se non li abbiamo per il Partito Socialista d'Albania e per il Partito Socialista Ungherese, ambedue discendenti diretti dei rispettivi partiti comunisti e ambedue membri dell'Internazionale Socialista?

E che significa il riferimento a Vendola con cui il PSI partecipò, nel 2009, anche se per poco tempo, allo stesso cartello elettorale? E alla Bindi? Comunista pure quella? In Europa ci sono precedenti di collaborazione tra socialdemocratici ed ex o addirittura ancora comunisti. Non dimenticando la Francia di Mitterrand, ricordo che, per diversi anni, il partito socialdemocratico svedese, che allora aveva una fortissima maggioranza relativa, ma non quella assoluta, governò con l'appoggio esterno dei locali comunisti.

E se in Germania governasse un monocolore SPD o un bicolore SPD/Verdi, con l'appoggio esterno della Linke? Lo so, per ora è impossibile.

L'Avanti! della domenica, a parte i brevi periodi del primo '900, era stato pubblicato, sotto la direzione di Carlo Correr, come organo dello SDI, dal 1998 al 2006. Aveva poi ripreso le pubblicazioni, con direttore Dario Alberto Caprio, come organo ufficiale del ricostituito PSI.

In pratica aveva sostituito la gloriosa testata *Avanti!*, organo del vecchio PSI . Che cosa era accaduto?

Con lo scioglimento del PSI (11-11-1994) la testata era stata affidata al liquidatore Michele Zoppo, con facoltà di cederla ad un eventuale compratore in grado di *garantire la salvaguardia delle tradizioni storiche del Partito Socialista Italiano*.

Nel 1996 l'editore Valter Lavitola presentò una testata graficamente identica a quella storica, ma con la variazione di farla precedere dall'articolo: *L'Avanti!*

La confusione che ne derivò venne chiarita anni dopo, come spiega l' *Avanti! della domenica* N. 39 del 13-11-2011:

„La testata Avanti!, quella vera, la storica bandiera dei socialisti italiani, è tornato al PSI. Una vicenda complicata durata quasi due decenni si è conclusa pochi giorni fa, il 4 novembre, quando il commissario liquidatore Francesco Spitoni ha firmato, con una scrittura privata, l'atto di cessione nelle mani del tesoriere del Partito socialista, Oreste Pastorelli".

Già il precedente liquidatore, lo scomparso Michele Zoppo, aveva riconosciuto (2005) nello SDI (divenuto poi PS e quindi PSI), come scrisse Boselli (18-1-2005) nel ringraziarlo, che *il nostro partito è il legittimo erede politico di una storia centenaria, come dimostra anche la sua presenza nell'Internazionale Socialista e nel Partito del Socialismo Europeo. Questa storia è oggi difesa con orgoglio e con dedizione da un partito organizzato, presente in tutto il territorio nazionale, con decine di migliaia di iscritti e rappresentanti in tutte le assemblee elettive.*

Dunque Spatola, continuatore e garante, come Zoppo, del patrimonio ideale e storico del PSI., ritenendo che la testata *Avanti! fu fondata da Andrea Costa, primo deputato socialista* e che dal 1896 era stata organo ufficiale del PSI, il 4 novembre 2011 ritenne di cedere al PSI „*irrevocabilmente ed in via esclusiva la proprietà, anche morale, ivi inclusa la denominazione, anche parziale, nonché la veste grafica, della testata giornalistica Avanti!*[304]. La cessione avvenne nelle mani del tesoriere Oreste Pastorelli, a titolo gratuito, onde *assicurare che la testata storica del PSI, organo ufficiale del partito dal 1896, continui a rappresentare la secolare tradizione del movimento socialista italiano*[305].

L'*Avanti!*, in edizione online, ha iniziato le pubblicazioni il 5 gennaio 2012, con direttore dapprima Giampiero Marrazzo e, dal settembre 2013, Mauro Del Bue.

Intanto, nella prospettiva delle imminenti elezioni europee del 2014[306], partiva la campagna elettorale in sostegno della candidatura alla presidenza della Commissione europea del socialista tedesco Martin Schulz[307], in quel periodo presidente del Parlamento

---

304 *Avanti!* n. 39/2011.

305 Ib.

306 Il PSI, annunciò il capogruppo alla Camera Marco Di Lello, vi avrebbe partecipato presentando propri candidati nelle liste del PD..Tale decisione, evidentemente, era dovuta all'introduzione dello sbarramento anche nelle elezioni europee.

307 Martin Schulz (n. 1955), poliglotta (tedesco, inglese, francese, olandese e italiano) iscritto alla SPD nel 1974, è stato sindaco di Wursenel (1987-1998).Nel 1994 fu eletto deputato europeo, poi

europeo. Schulz sintetizzò il suo progetto in un discorso in Italia: *I nostri valori sono: rispetto degli individui, diritto di voto, diritto di associarsi in partiti e sindacati, libertà di parola, di stampa, di ricerca, di espressione, di religione, di sciopero per un lavoro e un salario degni.*

Nuove battaglie dovette affrontare il giovane PSI di Nencini sul finire del 2013.

Alle elezioni regionali del Trentino –Alto Adige del 27-10-2013 il PSI partecipò inserendo, per l'elezione del Consiglio Regionale[308] propri candidati nella lista del PD nella provincia di Bolzano, e in una lista denominata „Riformisti per l'Autonomia"[309] in quella di Trento

Le elezioni furono vinte dal centro-sinistra, ma il PSI non ottenne nessun seggio nel Consiglio Regionale.

---

sempre riconfermato. Nel 2004 divenne presidente del Gruppo del PSE al Parlamento europeo, rimanendo in carica fino al 2012, quando fu eletto Presidente del Parlamento europeo. Il 6-11-2013 fu designato candidato alla presidenza della C.E. dal congresso di Roma del PSE, con 368 voti a favore, 2 contrari e 44 astenuti. Non eletto a tale carica, il 1° luglio 2014 è stato riconfermato presidente dell'europarlamento.

308 Il Consiglio Regionale del Trentino-Alto Adige è formato dalla somma dei consiglieri della Provincia di Bolzano (35) e di quelli della Provincia di Trento (35).

309 La lista „Riformisti per l'Autonomia" ottenne l'1,09 % dei voti.

Diversamente andarono invece le cose per le elezioni regionali in Basilicata, anch'esse vinte dal centrosinistra, nelle quali il PSI, presentatosi con la propria lista, conseguì una significativa affermazione, riportando il 7,47 % dei voti ed eleggendo un consigliere[310], sui venti spettanti alla Regione.

Ma l'appuntamento più importante per i socialisti del PSI era certamente il terzo congresso nazionale (570 delegati) tenuto a Venezia, nella sala congressi al *Tronchetto*, dal 29 novembre al 1° dicembre 2013.

La politica di stretta intesa col PD aveva dato, e avrebbe ancora potuto dare buoni frutti, ma aveva suscitato anche dei malumori in certi settori del PSI, poiché essa limitava in qualche modo l'autonomia del partito, la cui rappresentanza istituzionale a vari livelli finiva per dipendere dagli umori del partito più grosso. La conseguenza palpabile di questi distinguo o malumori fu un congresso non più unitario, come il precedente, ma con tre mozioni concorrenti:

La prima mozione (*La società della fiducia*, 456 delegati), largamente maggioritaria nei congressi locali, approvava sostanzialmente la linea politica e l'azione pratica portata avanti da Nencini, di cui proponeva la

310 Francesco Pietrantuono, laureato in Economia, che è stato consigliere comunale di Melfi e consigliere e assessore della Provincia di Potenza.

rielezione. Nencini non mancò di rivendicare i positivi risultati conseguiti dal PSI durante la sua gestione, sottolineando che *il Partito oggi siede nel Parlamento italiano, ha delegazioni autonome alla Camera e al Senato per sua libera scelta, presenta i suoi emendamenti e i suoi disegni di legge senza chiedere il permesso a nessuno.* Concluse la sua relazione lanciando un appello al congresso per l'unità del partito, invitando quest'ultimo ad *assumere l'impegno pubblico a utilizzare al meglio le energie fresche che si sono formate nelle università, nel lavoro e nelle istituzioni.*

La mozione n.2 (*Per una nuova grande forza socialista nella sinistra italiana*, 57 delegati), ascrivibile all'ala sinistra del partito, aveva toni piuttosto critici nei confronti dell'alleanza col PD ed anche del governo delle „larghe intese", condizionato dalla presenza indispensabile del centro-destra. La mozione sosteneva la candidatura di Franco Bartolomei[311] alla segreteria nazionale, una candidatura presentata però solo in ossequio alle norme procedurali del congresso che stabilivano che ogni mozione presentata doveva essere collegata ad un candidato alla segreteria. Poco prima della votazione, infatti, lo stesso Bartolomei, nel ribadire le diversità della linea proposta dalla mozione n. 2 rispetto a quella vincente, dichiarò di ritirare la sua candidatura.

---

311 Avvocato, membro della segreteria nazionale del PSI.

3) La terza mozione (*Mozione per il cambiamento e la rigenerazione del PSI*, 57 delegati) candidava alla segreteria Angelo Sollazzo, propugnava non solo la continuazione del dialogo col PD, ma chiedeva che esso fosse esteso anche a SEL, per tentare di riunire tutti coloro che in qualche modo si richiamavano al socialismo. La mozione, constatato che grandi conquiste del passato erano *sotto attacco*, che c'era sempre più un *largo bisogno di socialismo, assolutamente necessario per uscire dalla crisi in direzione della crescita e dell'uguaglianza* e che ancora mancava in Italia *una forza socialista consistente e riconoscibile*, impegnava il partito *a presentare una lista socialista alle prossime elezioni politiche*. Essa, inoltre, riteneva *errato e controproducente l'appoggio acritico al governo*.

Era, invece, necessario *riposizionare il partito all'interno di una sinistra che ha urgente e drammatico bisogno di una rinnovata cultura socialista*. Per quanto riguardava il quadro europeo, non bastava il solo appoggio alla candidatura Schulz, ma occorreva anche *formulare un progetto socialista per l'Europa* e, nello stesso tempo, *costruire una lista socialista in Italia a supporto di questo disegno*.

Il congresso[312] si espresse a larghissima maggioranza per la mozione n. 1 e per Nencini segretario. Per il Consiglio nazionale, 259 seggi andarono alla mozione 1, e 33 ciascuno alle mozioni 2 e 3.

Nello stesso mese di dicembre 2015 riprese la collaborazione[313] tra i „Riformisti Italiani" di Stefania Craxi e il PdL di Berlusconi.

Nuovi fermenti

Nonostante le ripetute assicurazioni del segretario del PD Renzi circa il sostegno al governo Letta (*Enrico, stai sereno*), fu proprio il PD, con una mozione della Direzione del partito del 13-2-2014, a provocare le dimissioni del governo presieduto da Letta, che cedette il posto ad un esecutivo „serenamente" presieduto proprio da Matteo Renzi, insediatosi il 22-2-2014.

Così il capogruppo socialista alla Camera, Di Lello, annunciò il voto favorevole del PSI: *La speranza è il bene più grande che hanno consegnato gli italiani al Presidente del*

---

312 Al congresso, a cui presenziò anche il Presidente del Consiglio Enrico Letta, intervennero molte personalità socialiste: Gianfranco Schietroma, Carlo Vizzini, Mauro Del Bue, Bobo Craxi, Claudio Martelli, Luigi Angeletti, Ugo Intini, ecc.

313 Si era interrotta nell'aprile 2011.

Consiglio e alla politica, non possiamo fallire. Questo governo ha il compito di cambiare l'Italia, un Paese dove sia il merito a determinare il futuro dei propri figli senza alcuna discriminazione, un'Italia dei diritti, un'Italia del sapere, l'Italia che non lucra sul gioco d'azzardo, che difende i più poveri e deboli, un'Italia che si fondi sulla solidarietà.

Stavolta il PSI fu rappresentato nel governo dal suo segretario politico Riccardo Nencini, nominato viceministro alle Infrastrutture.

Bobo Craxi, con la schiettezza di sempre, non poté fare a meno di commentare la nomina: *Il ritorno dei socialisti al governo del Paese è un fatto indubbiamente positivo: ritengo che la carica assunta da Nencini sia onorevole e, al tempo stesso, onerosa. Gli faccio molti auguri, ma penso anche che lui per primo debba rendersi disponibile a rispettare il nostro Statuto interno, il quale fissa delle incompatibilità tra le cariche. Non c'è fretta, ma abbiamo bisogno di affrontare la campagna elettorale per le consultazioni europee nel pieno delle nostre forze e con una guida al comando di un'eventuale lista socialista o di alleanza.*

Ma il 19 marzo la Direzione del PSI preferì concedere una deroga, piuttosto che correre il rischio di affrontare le imminenti europee con un reggente, in attesa del congresso.

Quasi in contemporanea, il 27 febbraio 2014, la Direzione del Partito Democratico, con 121 sì, 1 no[314] e 2 astensioni, deliberò l'ingresso del PD nel PSE, il cui congresso, che si sarebbe riunito il giorno dopo a Roma, soprattutto per ufficializzare la candidatura di Martin Schulz alla presidenza della CE[315], cambiò la sua denominazione in „PSE-Socialists & democrats".

Il presidente del PSE Sergei Stanishev[316] accolse il PD con queste parole: *Diamo il caloroso benvenuto nella nostra famiglia al PD. Senza il PD la nostra famiglia non poteva considerarsi completa. Oggi siamo più forti.*

Il 3 aprile fu annunciato l'accordo raggiunto tra il PD e il PSI per l'inserimento nella lista del Partito Democratico di quattro candidati socialisti[317], uno per

---

314 Giuseppe Fioroni, ex DC, ex PPI, ex Margherita.

315 La candidatura di Schulz fu approvata con 368 voti a favore, 2 contrari e 34 astenuti.

316 Sergei Stanishev (n. 1966), laureato in Storia, già Primo Ministro della Bulgaria (2005-2009), era stato eletto leader del PSE il 29-9-2012.

317 Claudio Bucci (produttore cinematografico ed ex consigliere regionale del Lazio), Rita Cinti Luciani (Responsabile Nazionale Pari Opportunità del PSI e sindaco di Codigoro in provincia di Ferrara), Marina Lombardi (sindaco di Stella, città natale di Sandro Pertini), Mario Serpillo (presidente dell'Unione Coltivatori Italiani).

circoscrizione[318] e il successivo 10 aprile venne siglato dai due partiti un „Patto Federativo", in cui, fra l'altro, si legge":

Il PD e il PSI si propongono di dare vita ad un'alleanza di tipo nuovo che si riferisca ai diversi filoni del riformismo italiano e guardi con interesse e spirito nuovo alle culture laiche, liberaldemocratiche e a quelle che ispirano il mondo cattolico che su un piano di laicità esprime convinzioni e valori in cui possono riconoscersi con le loro storie e culture milioni di nostri concittadini.

E ancora: *Il PD e il PSI convengono di implementare la collaborazione in atto che partendo dal reciproco pieno sostegno al Governo, preveda momenti di confronto, di condivisione e di coordinamento sul piano politico e in sede parlamentare.*

Il PD e il PSI concordano a tal fine di dare vita ad una lista unitaria di Socialisti e Democratici a sostegno della candidatura di Martin Schulz alla Presidenza della Commissione Europea, La lista avrà un simbolo condiviso, candidature condivise e come programma

318 Dopo un primo periodo di esitazione, in cui sembrò che potesse schierarsi per la lista del PSE e per la candidatura Schulz, SEL si schierò a favore della lista „L'Altra Europa" e con la candidatura del greco Alexis Tsipras, presidente di Syriza (Coalizione della Sinistra Radicale greca). Elesse tre eurodeputati.

quello approvato al congresso PSE dello scorso 1°
marzo.

Il simbolo adottato fu il vecchio simbolo del PD, di cui
furono lasciati invariati i colori e il riferimento
all'Ulivo, aggiungendo però in basso un richiamo rosso
al PSE.

Nella lettera agli iscritti che accompagnava il
documento, il segretario Nencini, dopo aver
sottolineato che, con quell'accordo, era stato raggiunto
l'obiettivo fissato dal III congresso, ci tenne a precisare:
*Il patto federativo è un accordo fra partiti. Chi parla di
confluenza del PSI nel PD non sa di cosa parla*[319].

Il PD, alle elezioni, raggiunse il suo massimo storico col
40,81 %, ottenendo 31 deputati sui 73 spettanti all'Italia,
ma nessun socialista del PSI fu eletto[320].

---

319 Anche Di Lello, in una nota successiva, puntualizzò: *In ogni
caso la nostra proposta è quella di fare un percorso molto diverso da
ogni ipotesi di confluenza.*

320 Il NPSI, ormai stretto alleato di FI, sostenne la candidatura di
Lara Comi di FI, risultata eletta.

Stefania Craxi, invece, appoggiò il giornalista Giovanni Toti, ex
socialista, consigliere politico di FI, risultato il primo degli

Il successo conseguito dal PD e dal centro sinistra in genere fu ribadito nelle elezioni comunali del maggio 2014, quasi tutte concomitanti col voto per le europee[321]. Il PSI in genere presentò candidati nelle liste del PD e in qualche caso proprie liste, che ebbero un certo successo[322]. A Firenze partecipò ad una lista di coalizione in sostegno del candidato sindaco del centro-sinistra[323].

---

eletti di FI nel Nord-Ovest. Il 9-7-2015 si dimetterà, essendo la sua carica incompatibile con quella di Presidente della Regione Liguria. La Craxi sostenne anche la candidatura di Stefano Maullu, ex assessore della Regione Lombardia, che successivamente, come primo dei non eletti, subentrerà a Toti, e quella di Adriano Readler, docente di Medicina, ex assessore della Regione Lazio (presentato nella Circoscrizione Centro), non eletto.

321 Dei 29 capoluoghi di provincia in cui si votò, 20 furono conquistati dal centro-sinistra, 6 dal centro-destra e 1 ciascuno dalla destra, dal M5S e da una lista civica.

322 Da segnalare i casi di Foggia (4,70 %, 1 seggio), Potenza (6,43 %, 2 seggi) e Reggio Calabria, dove però si votò il 26-10-2014 (2,75 %, 1 seggio).

323 Con lo slogan *Nel centro sinistra con le nostre idee* fu costituita la lista „Sostieni Firenze", capitanata da Valdo Spini. Essa era il risultato di una convergenza tra la lista civica „Spini per Firenze", il PSI, i Verdi, il Movimento di Azione Laburista (costituito a Firenze l'11-1-2010 con elementi di ispirazione riformista) e vari indipendenti. „Sostieni Firenze" riportò l'1.41 %, senza ottenere alcun seggio.

In qualche caso furono presenti alcune liste del NPSI[324], per il resto aggregato a FI.

Il *patto federativo* fra PD e PSI e le sue concrete applicazioni erano destinati a suscitare fermenti nuovi nel mondo del socialismo italiano. Non c'era dubbio che il progetto politico di Nencini e della maggioranza del PSI un effetto positivo di grande peso l'aveva prodotto, quello cioè di riportare i socialisti all'interno delle istituzioni, cosa che di solito incide nelle scelte di governo ed è anche assai utile per avere maggiore visibilità. Ma queste presenze nelle istituzioni restavano, quantitativamente e qualitativamente, piuttosto contenute, così come magre si mantenevano le percentuali nelle varie votazioni. La coincidenza di vedute poi, su quasi tutto, tra PSI e PD, ormai membri della stessa organizzazione al Parlamento europeo, spingeva qualcuno a pensare che la missione storica del PSI era di fatto esaurita e che il suo ruolo finale sarebbe dovuto diventare quello di una corrente interna al PD, un pungolo verso obiettivi cari ai socialisti, come ad esempio il laicismo dello Stato. Ma c'erano altri, invece, che riflettevano sulla scarsa incisività del PSI nelle maggiori decisioni governative, considerate funzionali ad un disegno liberista e ritenevano necessario un

---

324 A Bari conseguì l'1, 13 %. A Nola, in Campania, ottenne il 2,95 % e 1 seggio.

ritorno dei socialisti alle origini, in una posizione di contrapposizione al progetto strategico di parte del PD.

Il 15 febbraio 2015 si svolsero in contemporanea a Roma, nelle sezioni socialiste di S.Saba e della Garbatella alcune assemblee di socialisti di varie parti d'Italia, organizzate dalla „Lega dei socialisti"[325], dalla „Rete Socialista-Socialismo Europeo"[326] e dalla „Federazione per il Socialismo"[327]

---

325 *È tempo che si costruisca anche nel nostro paese una grande forza socialista capace di rappresentare tutte le storie, i sogni e i problemi delle persone che si riconoscono negli ideali socialisti. Vogliamo indicare e dare soluzioni ai problemi individuali e collettivi della società e offrire risposte concrete alla domanda di lavoro, di dignità, di giustizia; intendiamo manifestare la nostra capacità di elaborare riforme che portino verso una globale e nuova qualità della vita sociale e pubblica* (dal documento fondativo della Lds, 27-6-2011).

Segretario della LDS era Franco Bartolomei.

326 *Il socialismo è un'unione inscindibile di libertà e democrazia con uguaglianza e giustizia sociale e rappresenta oggi come ieri la risposta, quindi la soluzione, ai problemi della maggioranza della popolazione del nostro Paese, dell'Europa e del mondo.* (Dal Manifesto della „Rete Socialista-Socialismo Europeo", 6-6-2014). Presidente ne era Felice Besostri.

327 Nel corso di un'assemblea presieduta da Patrizia Viviani, Giampaolo Mercanzin e Maurizio Giancola, con la partecipazione di vari gruppi socialisti, tenutasi il 15-11-2014, era stato deliberato di costituire una „Federazione per il socialismo e la sinistra in Italia" . Nel documento conclusivo si diceva, fra l'altro: *L'obiettivo che ci proponiamo è di riunire in un*

I convenuti decisero di convocare per domenica 29 marzo, a Roma, una grande „Assemblea Costituente del Socialismo Italiano", con lo scopo di unificare tutte le associazioni socialiste, aderenti o meno al PSI, contrarie all'assorbimento del socialismo italiano nel PD e disposte invece a partecipare alla costruzione di un nuovo soggetto politico capace di impegnarsi per la trasformazione socialista del Paese.

L'assemblea, cui parteciparono 250 socialisti, al termine dei lavori approvò un documento politico[328],

movimento unitario il socialismo italiano: recuperare la cultura e la tradizione di una storia che non appartiene solo al PSI da un lato e porsi come strumento di azione e di lotta socialista a fronte dell'imbarbarimento sociale prodotto dal capitale finanziario, dall'altro. Il 2-3-2015 furono eletti Presidente della Federazione Paolo Bagnoli e segretario Giovanni Rebechi.

328 Il documento fu redatto da Franco Bartolomei, Felice Besostri, Alberto Benzoni e Giovanni Rebechi. I lavori furono introdotti da Bartolomei sul tema Ricostruire il Socialismo Italiano per rendere possibile la nascita di una nuova sinistra nel nostro paese e da Rebechi su Il ruolo e i compiti della riunificazione dell'Associazionismo Socialista; furono conclusi da Besostri.

nel quale, dopo avere sottolineato la gravità della crisi economica nei paesi sviluppati e aver constatato come *la posizione dominante dei centri di potere economici e finanziari, responsabili della crisi* tendesse a scaricarne gli effetti sulla classe lavoratrice, *mettendo in discussione le conquiste frutto delle lotte politiche e sindacali del XX secolo*, chiamava a raccolta le sparse forze politiche *ispirate da impostazioni politiche e culturali proprie della tradizione del socialismo di sinistra*, per una battaglia contro le dominanti *suggestioni del modello neo-liberista* e per un vero riformismo socialista volto *a perseguire una trasformazione strutturale degli assetti economici e sociali*, per *una società più libera, giusta ed egalitaria*.

Fu anche creata un'*Assemblea Costituente* permanente *per il „Risorgimento Socialista"* di 300 componenti, come organo di rappresentanza e di collegamento della costruenda organizzazione. Per dare ulteriore impulso al comune progetto fu inoltre riconvocata un'altra Assemblea per il successivo 27 giugno.

Il 4 aprile 2015, in un articolo di commento sull'*Avanti!* il direttore Del Bue pose un interessante interrogativo: *Il convegno che ha associato le minoranze del piccolo PSI (sette parlamentari, una vita travagliata, uno spazio politico complicato dal momento che Renzi è diventato dominus del PD, alcune testate e associazioni vive e vegete) segna un distacco o meno dal partito di appartenenza? Accettano quei compagni e amici che le decisioni sulla politica del partito le*

*prendano gli organi eletti al congresso, oppure si dotano di
una loro autonomia organizzativa e politica?*

Mentre malumori, progetti e relative riflessioni
cominciavano a coinvolgere l'ala sinistra del PSI , e non
solo, e dall'altro lato qualcuno, nello stesso partito,
cominciava a sognare indolori confluenze nel PD,
sopraggiunsero le elezioni regionali e amministrative
del 31 maggio 2015. Esse riguardano le assemblee
consiliari e i governatorati di sette regioni[329] e
costituivano quindi un *test* importante per misurare il
polso dell'elettorato italiano.

Il PSI in alcuni casi presentò i propri candidati nelle
liste del PD, in altri all'interno di alleanze riformiste e
in altri ancora in proprie liste.

In Campania, dove aveva concorso alle primarie del
centro-sinistra per la scelta del candidato governatore,
presentando Di Lello, che si era attestato al 5,5%[330], la
lista del PSI ottenne il 2, 18% e 1 consigliere regionale[331].

---

329 Campania, Liguria, Marche, Puglia, Toscana, Umbria, Veneto.

330 Le primarie furono vinte da Vincenzo De Luca (PD). De Luca
(41,15 %) dovette confrontarsi soprattutto col governatore
uscente Stefano Caldoro (38,37 %), leader del NPSI, sostenuto
da FI, dalla lista „Caldoro presidente", „Nuovo Centrodestra-
Campania Popolare", Fratelli d'Italia-Alleanza Nazionale e da
alcune liste civiche.

In Umbria la lista del PSI raggiunse il 3,46 % , eleggendo 1 consigliere[332].

Nella regione Marche, sempre rimanendo nel centro-sinistra, il PSI si presentò in una lista denominata „Uniti per le Marche", assieme ai Verdi, a IdV e a Scelta Civica. La lista conseguì il 5,03 % ed elesse due consiglieri, di cui uno socialista[333].

In Veneto il PSI aderì ad una lista civica denominata „Veneto Civico-Moretti Presidente", alla quale aderivano anche IdV e Scelta Civica. La lista raccolse l'1,45 % ed elesse 1 consigliere.

Le elezioni furono vinte dal centro-sinistra che si affermò in cinque regioni: Campania, Puglia, Toscana, Marche e Umbria; il centro-destra, però, oltre a riconfermarsi nel Veneto, conquistò la Liguria[334].

---

331 Enzo Maraio (n. 1978), avvocato, ex componente della segreteria nazionale dei giovani socialisti ed ex assessore al Comune di Salerno; è membro della segreteria nazionale del PSI.

332 Silvano Rometti (n. 1954), laureato in Scienze Politiche, ex vicesindaco di Perugia, già consigliere regionale nel 2005 e nel 2010, è membro della Direzione Nazionale del PSI.

333 Moreno Pieroni (n.1961), impiegato, ex sindaco di Loreto (2001-2010), ex consigliere provinciale di Ancona, che era già stato eletto nel 2010.

Le elezioni comunali che si tennero nel maggio 2015 registrarono un certo equilibrio fra gli schieramenti. Da segnalare, per il PSI, i risultati di Bolzano (1,17 % e 1 seggio) e di Matera (1,93 % e 1 seggio), comunque nulla di esaltante.

Come convenuto, il 27 giugno 2015, introdotta dalla relazione di Bartolomei, ebbe luogo a Roma la seconda assemblea del Movimento per il Risorgimento Socialista, cui parteciparono 260 convegnisti provenienti da tutta l'Italia. Si registrarono interventi di socialisti sia del PSI che senza tessera.

L'Assemblea si concluse con l'elezione di un Direttivo Nazionale di 160 componenti, col compito di promuovere la costituzione di coordinamenti regionali e provinciali e di convocare, per il novembre successivo, una nuova assemblea, onde completare il percorso

---

334 Fu eletto Presidente l'ex socialista, ora numero due di FI Giovanni Toti, col 34,44 %, col sostegno di una coalizione di centro-destra formata da Forza Italia, Lega Nord, Fratelli d'Italia-Alleanza Nazionale e „Area Popolare Liguria". Fu sostenuto anche dal NPSI, che presentò il segretario regionale ligure Vittorio Piccini e quello provinciale di La Spezia Enrico Ghizolfi nelle liste di FI.

Anche l'associazione „Riformisti Italiani" appoggiò Toti, puntando in particolare sull'imprenditrice Raffaella Della Bianca, candidata indipendente nella lista di FI e consigliere uscente di FI, passata ai Riformisti Italiani di Stefania Craxi. Nessuno di loro fu eletto.

fondativo del movimento ed assumere le opportune determinazioni politiche ed organizzative.

Fu anche approvata una „Dichiarazione d'Intenti", presentata da Benzoni, Bartolomei, Rebechi e Besostri, nella quale si affermava, fra l'altro, che *il Socialismo, come progetto storico della suprema valorizzazione sociale del lavoro nella vita dell'uomo, continua sempre di più a rappresentare la vera grande pacifica soluzione della crisi sociale, morale ed economica che minaccia lo sviluppo di tutta l'umanità, e la strada maestra per il Risorgimento democratico del paese.*

Di conseguenza si riteneva necessario un movimento per la ricostruzione del Socialismo Italiano, interessato a partecipare, a pieno titolo, alla nascita di una nuova Sinistra degna di questo nome, anche, se necessario, attraverso un grande processo costituente unitario [...].

Queste le riflessioni in merito (1-7-2015) di Riccardo Nencini: *Leggo che l'obiettivo di* Risorgimento S. è collegarsi ai fuoriusciti dal PD ed a partiti e movimenti, forse anche pezzi del sindacato, della sinistra radicale. Auguri. Non è la mia strada. Non è la nostra strada. Non è tempo di rifondare il PSIUP. Semmai va allargato lo spazio politico che si è aperto per fare del PSI il perno di uno schieramento che incalzi il PD sul fronte delle riforme e che sia alternativo a un crescente massimalismo gauchista.

Piuttosto irrequieti!

Ancora una volta dunque nel socialismo italiano (a parte i meteoriti ormai stabilmente inseriti nell'universo berlusconiano) si delineavano un centro, una sinistra e una destra, che facevano tornare in mente un celebre disegno di Scalarini[335] del 1922, nel periodo in cui si apriva la strada del potere al fascismo, in cui il socialismo veniva rappresentato come un grande fiume che ad un certo punto si divideva in tre rami, tutti diretti verso il mare: a sinistra i comunisti, al centro (maggioritario) i massimalisti, a destra i riformisti.

Nel 2015 c'era invece una sinistra insofferente per una politica che le appariva subordinata ad un disegno neo-liberista, un centro (maggioritario) che dialogava con il PD, mentre tentava di condizionarlo con spinte di carattere socialista, e una destra che considerava tempo perso mantenere in vita il (sempre) piccolo PSI, mentre invece si poteva ottenere politicamente di più

335 Giuseppe Scalarini (1873-1948) fu il vignettista satirico dell'*Avanti!* dal 1911 alla chiusura del giornale, nel gennaio 1926, imposta dai fascisti, dai quali fu selvaggiamente picchiato e poi confinato per tre anni. Nel 1940 fu ancora arrestato per 6 mesi. Nel 1947 disegnò anche per *L'Umanità*, organo del PSLI.

da una confluenza nel PD, partito più robusto, anch'esso progressista e membro del PSE.

Tutto come sempre, dunque? Direi di sì, se non fosse per il fatto che allora, nel 1922, si trattava di grandi ideali che coinvolgevano grandi masse e che il crollo dell'intero movimento socialista comportò vent'anni di regime fascista; mentre nel 2015 si lavorava alla divisione dell'atomo, verso operazioni di cui forse i telegiornali non avrebbero neanche parlato!

Il tutto, allora come adesso, alla faccia del celebre appello marxiano *Proletari di tutti i Paesi, unitevi!*, perché, come allora, anche adesso le divisioni avevano, secondo taluni, lo scopo di unire!

Ma mentre il dibattito interno, croce e delizia del movimento socialista, irrequieto e vivace sì, ma forse per questo più affascinante e vitale del monotono unanimismo comunista, impegnava le migliori intelligenze, c'era anche qualcuno che affrontava problemi concreti di grande interesse per la società umana.

Nel luglio 2015, ad esempio, la deputata socialista Pia Locatelli, prima firmataria di una mozione[336] che

---

336 La mozione, approvata all'unanimità, impegna l'Italia ad attuare la risoluzione ONU del 2014 contro i matrimoni coercitivi e di minori e quella sul rafforzamento delle azioni di prevenzione delle unioni coatte, adottata dal Consiglio dei

impegnava il governo nella lotta contro quella che lei definisce *la piaga della pedofilia legalizzata*, così si esprimeva:

> *Sono 146 i Paesi dove le ragazze possono sposarsi al di sotto dei 18 anni e in ben 52 possono farlo anche prima di compiere i 15 anni. Ma anche dove la legge lo impedisce, si verificano casi limite di matrimoni combinati con bambine anche di 8 e 10 anni. I matrimoni precoci e forzati sono una seria minaccia alla salute fisica e psichica di giovani donne e bambine, a partire dalla loro salute sessuale e riproduttiva: rischi, per non dire certezze, di gravidanze precoci, frequenti e non volute, alti tassi di morbilità e mortalità materna e infantile, malattie trasmesse sessualmente, compreso l'Hiv/Aids, crescente vulnerabilità alle più diverse forme di violenza.*

Internazionale Socialista
Donne

Diritti Umani il 2-7-2015.Il fenomeno in Italia riguarda 2000 bambine l'anno.

Nel luglio 2015 Forza Italia subì un'ennesima scissione[337], capeggiata da Denis Verdini, in seguito alla quale si costituì il gruppo parlamentare AL-A (Alleanza Liberalpopolare-Autonomie) al Senato e, nel settembre successivo, anche alla Camera.

Al gruppo senatoriale aderì anche Lucio Barani, segretario del NPSI, che ne diverrà anche capogruppo. Negli ambienti, saldamente filoberlusconiani, del suo partito, a quanto pare colto alla sprovvista dalla notizia, la cosa non fu presa affatto bene, tanto da provocare le proteste del coordinatore del NPSI Antonino Di Trapani, che imputava (27-7-2015) a Barani di avere agito *in via del tutto autonoma e senza riunire gli organi statutari*[338].

Movimenti sussultori si registravano intanto anche nel lato opposto dello schieramento politico, specificatamente fra i socialisti di sinistra, riuniti in „Risorgimento Socialista", di cui non si capiva bene se volevano organizzare un movimento culturale per rifondare il socialismo italiano o, più semplicemente, un nuovo partito socialista, diverso e indipendente dal

---

337 In precedenza si erano avute quelle di „Futuro e Libertà. Per l'Italia" (2010), „Forza del Sud"(2010), „Liberali per l'Italia" (2011), „Italia Libera" (2011), „Fratelli d'Italia" (2012), „Nuovo Centro Destra" (2013), „Conservatori e Riformisti" (2015).

338 Il 5-8-2015 Lucio Barani rassegnerà le dimissioni da segretario del NPSI.

PSI di Nencini. Della legittimità di questo dubbio era testimonianza una *Lettera aperta ai compagni di Risorgimento Socialista*[339], in cui si lamentava un certo immobilismo. In essa si diceva, fra l'altro:

Dobbiamo realisticamente constatare che il 27 giugno è lontano. L'assemblea, pur non in assenza di alcuni equivoci di non poco conto – il primo dei quali rappresentato dal legame ombelicale che lega taluni al PSI – sulla base di un documento chiaro e preciso, aveva assunto l'impegno di costituire un movimento socialista unitario, organizzato e strutturato territorialmente. Tale impegno sembra essere passato nelle retrovie rispetto a un nuovo dibattito; ossia, al solito squittire che fino ad oggi ha prodotto tante parole, pochi fatti e progressive lacerazioni. Il futuro sembra essere tornato dietro le nostre spalle.

In realtà qualcosa si muoveva, ma in tutt'altra direzione rispetto a quella auspicata dagli scriventi. Il 23-7-2015 la Segreteria Nazionale del PSI aveva deferito alla Commissione Nazionale di Garanzia del partito il principale leader di Risorgimento Socialista per *le iniziative promosse dal compagno Bartolomei ed altri in riferimento al Movimento per il Risorgimento Socialista*, e il 31 successivo la CNG aveva conseguentemente aperto,

---

339 La lettera, del 28-7-2015, era firmata da Paolo Bagnoli, Patrizia Viviani, Maurizio Giancola e Giovanni Rebechi.

nei confronti di Bartolomei, una *formale istruttoria disciplinare.*

Mentre a sinistra e al centro del piccolo schieramento socialista italiano si udivano questi squilli di tromba, a destra rispondeva uno squillo di Di Lello, coordinatore del gruppo socialista alla Camera, il quale – fulmine a ciel sereno – in un'intervista pubblicata proprio il 31 luglio, così dichiarava: *I socialisti non possono limitarsi a fare testimonianza, perché siamo eredi di una grande storia e di una grande tradizione. E da quando Renzi ha aderito al PSE è caduto ogni alibi: per questo proporrò al mio partito di entrare nel Partito Democratico. [...]. Se non riuscissi a portare tutto il partito allora aderiremmo al PD come associazione socialista.*

Le reazioni non si fecero attendere. Lo stesso giorno Nencini così definì la decisione di Di Lello: *Una scelta singola che avviene dopo un continuo infittirsi di illazioni e di chiacchiericci e prima di aver avviato il dibattito congressuale, ormai alle porte. Viene così meno un principio fondamentale per la vita dei partiti: chi porta responsabilità decide con la sua comunità.*

Presero le distanze dalle posizioni di Di Lello tutti i parlamentari socialisti[340]: Pastorelli (*I socialisti italiani stanno nel PSI e non altrove*), Locatelli (*Ho la tessera socialista da quarant'anni e finirò la mia carriera politica da*

---

340 L'on. Lello Di Gioia aveva lasciato il PSI il 12 giugno 2015.

socialista), Buemi (*Voglio specificare che l'on. Di Lello esprime una sua posizione personale: sia io che il collega Longo non abbiamo alcuna intenzione di lasciare il partito socialista, il nostro partito, né di tradire il mandato degli elettori che ci hanno votato in quanto socialisti, seppure nella lista del PD*).

Sempre il 31 luglio, si pronunciò anche il direttore dell'*Avanti!* Del Bue, il quale prese posizione in merito al problema della „coerenza": *Finora pensavo che il dissenso nella nostra piccola comunità fosse derivato dalla mancata candidatura alle politiche degli attuali dissidenti. Adesso prendo atto che invece esiste una nuova categoria di dissidenti, anzi posso dire di scissionisti annunciati, e cioè quella degli eletti che, anche per ragioni personali di futura sopravvivenza, voltano le spalle a chi li ha designati. La prima categoria potremmo definirla del delusi, la seconda degli ingrati.*

L'occasione era troppo ghiotta perché da sinistra non si mettesse la mano nella piaga. Nel fitto dibattito della fatidica data del 31 luglio si infilò anche la Federazione per il Socialismo con una mordace dichiarazione, a firma del presidente Bagnoli: *L'operazione di Risorgimento Socialista, ossia far rinascere un nuovo soggetto politico socialista, trova ostacoli oggettivi nell'equivoco che molti partecipanti aderiscono contemporaneamente al PSI. Pensiamo che, dopo la dichiarazione dell'on. Di Lello sul Corriere della Sera di oggi 31 luglio, nella quale si propone che il PSI si liquefaccia tutto e per tutto nel PD, sciogliendo l'equivoco attuale – e ci sembra un discorso serio e coerente – i compagni di Risorgimento aderenti al partito nenciniano non dovrebbero più avere remora alcuna a rendersi autonomi da esso. Se non ora quando?*

Qualche giorno dopo (3-8-2015) anche Franco Bartolomei volle fare il punto sulla situazione del socialismo italiano, dentro e fuori il PSI: *Assistiamo alla contrapposizione di due diversi sistemi di suicidio politico del Socialismo italiano [...] Lo scontro tragicomico tra i due compari su come meglio compiacere agli interessi del PD di Renzi segnerà la fine di questo attuale PSI [...]. Il 28 novembre non staremo a perdere tempo a cercare di prendere la testa di un partito che sta scomparendo in un abbraccio mortale con il PD, cosa peraltro impossibile, ma rifonderemo un autentico Partito Socialista nel nostro Paese.[...] Tutti, ovviamente, devono essere posti nelle condizioni di poter aderire con convinzione a questo nostro processo costituente, rispettando i momenti della maturazione della loro scelta di adesione.*

Il riferimento era a quei membri del movimento che erano anche membri del PSI, i quali – sosteneva Bartolomei - volevano fare un ultimo(?) tentativo al prossimo congresso *per tentare di modificare le maggioranze nel PSI ed imporre una svolta politica netta nelle sue scelte politiche. La loro eventuale battaglia congressuale non modifica in nulla il nostro progetto di*

ricostruzione di un nuovo Partito Socialista il 28 novembre,
che marcerà in parallelo a questo loro tentativo, e diverrà la
linea organizzativa e politica della confluenza finale della
loro battaglia congressuale.

Insomma i socialisti di „sinistra" si dividevano in due
tronconi, tanto per onorare la tradizione „unitaria":
quelli interni al PSI avrebbero tentato di vincere il
prossimo congresso, mentre quelli esterni sarebbero
andati avanti comunque verso un nuovo partito. Quelli
di „destra" si preparavano, invece, a veleggiare verso il
PD.

A nome del „centro" maggioritario intervenne ancora
una volta il segretario Nencini: *Una esigua pattuglia*
socialista lavora per creare un nuovo partito di sinistra
radicale dialogando con SEL, Fassina[341] *e dintorni. È*
organizzata, si è data un piano di lavoro, organi dirigenti
addirittura[...] Domando: si può stare in un partito mentre si
lavora a farne un altro? [...].

L'onorevole Di Lello si appresta ad entrare, solitario, nel
PD. In segreteria, pochi giorni fa, aveva parlato di una
„riflessione" necessaria sul nostro futuro. Benissimo.

---

341 Stefano Fassina (n. 1966), economista, è stato deputato del PD
e viceministro dell'Economia nel governo Letta. Nel gennaio
2014, in contrasto con la linea politica del nuovo segretario del
PD Matteo Renzi, rassegnò le dimissioni dalla carica. Nel
giugno 2015 lasciò il PD e il suo gruppo parlamentare.

Poi un'accelerazione violenta. E la riflessione è diventata scelta individuale in un nanosecondo.

[...]. I più duri verso di noi sono quei dirigenti che nel cuore della crisi degli anni '90 o se ne andarono o nascosero le loro responsabilità dopo aver lasciato in eredità un partito distrutto. Ti guardano con sufficienza e non hanno fatto nemmeno un esame di coscienza. Craxiani acritici e d'un colpo anticraxiani.

Lo sfogo di Nencini si chiuse con una ferma determinazione a guardare avanti. Occorreva, egli scrisse, *mantenere viva la nostra organizzazione*. E, considerato il quadro politico e legislativo, bisognava, inoltre, essere *autonomi ma non isolati*.

Qualche giorno dopo (3-8-2015) Marco Di Lello inviò, come aveva anticipato nell'intervista del 31 luglio, una lettera a tutti gli iscritti al PSI. In essa si leggeva, fra l'altro:

Oggi la scelta che abbiamo davanti è tra la custodia gelosa dell'ortodossia socialista, che porta ad una fine per consunzione, oppure far vivere, ed incidere, il socialismo in un grande partito riformista iscritto al PSE. Il PD è oggi la cosa più vicina a un grande partito popolare e riformista. Credo che oggi un Nenni o un Turati non avrebbero dubbi su dove portare la loro battaglia.[...] Questa sfida impone che il gruppo dirigente del PSI conduca una seria e profonda riflessione sull'adeguatezza della propria proposta politica e organizzativa, a rispondere pienamente ai compiti che gli derivino sul piano politico.

Il 12 settembre 2015, nel corso della festa dell'*Avanti!*, il Consiglio Nazionale del PSI, su proposta di Nencini, nominò Pia Locatelli nuovo capo delegazione dei socialisti alla Camera[342].

Il programma della festa (*Dentro il nuovo inizio dell'Italia*), che si svolse a Roma, a villa *Osio*, dal 10 al 13 settembre 2015, venne così annunciato dal direttore dell'*Avanti!* Del Bue:

> *Sfileranno da noi i maggiori protagonisti della scena politica italiana e questo testimonia che nei nostri confronti è maturata una nuova sensibilità. Verranno affrontati i temi del momento, da quello della migrazione e della guerra, a quello delle riforme istituzionali e della giustizia, dalla situazione economica alla politica estera, fino alle due sfide lanciate dalla nostra associazione Interessi Comuni, che rilancerà la questione del rapporto tra cittadini e banche e della lotta al gioco d'azzardo.*

---

342 Nel novembre 2015 l'on. Pia Locatelli, presidente onoraria dell'Internazionale Socialista Donne, sarà nominata presidente del „Comitato diritti umani" della Camera.

Proprio in tale occasione, commentò a festa conclusa Nencini, *si è ritrovato l'intero gruppo dirigente del partito per gridare che i socialisti ci sono e faranno la loro parte.*

Nel frattempo qualcosa si muoveva in altre zone della diaspora.

In una sua nota il NPSI informò che la segreteria aveva preso atto delle dimissioni di Lucio Barani da segretario nazionale e aveva affidato la gestione della fase transitoria del partito, quindi per il periodo precedente alla riunione del suo Consiglio Nazionale, ad un Coordinamento Politico, presieduto da Antonio Fasolino[343] e composto anche dall'on. Alessandro Battilocchio e dall'avvocato napoletano Guido Marone.

Fasolino, a sua volta, espresse l'impegno a rilanciare *l'azione riformista* del partito, confermandone la collocazione nel centro-destra, a fianco di Berlusconi.

Nella riunione del Direttivo del 10-10-2015 di Risorgimento Socialista emerse l'accordo generale *nel sostenere che il progetto di "Risorgimento Socialista" non è un nuovo partito di sinistra radicale, o altre suddivisioni dell'atomo o della fisica quantistica ma un movimento aperto,*

---

343 Antonio Fasolino (n. 1971), avvocato, è stato segretario provinciale del NPSI di Salerno e consigliere giuridico del III governo Berlusconi. Il congresso del NPSI, che adotterà il principio della „doppia tessera" con PSI e FI, sarà fissato per la primavera 2016.

che ogni aderente piò anche iscriversi al PSI o altro partito della sinistra.

Il movimento Risorgimento Socialista ha come missione quella di riprendere i valori del Socialismo libertario, autonomo e in alternativa al sistema economico finanziario, il recupero, anche se dopo vent'anni, di questi valori che sono appartenuti storicamente al Socialismo italiano ed europeo come forza di sinistra[344].

Il 14 ottobre 2015 Nencini annunciò con soddisfazione che il gruppo socialista all'Assemblea Regionale Siciliana, in seguito alla adesione di tre altri deputati, era salito da 2 a 5, su un totale di 90[345].

La Conferenza programmatica del PSI (titolo: *Cambiando*), che si tenne a Roma al *Life Hotel* il 30 e il 31 ottobre 2015, alla quale parteciparono circa 400 rappresentanti delle regioni, associazioni, intellettuali e amministratori, fu introdotta da Carlo Vizzini[346] e si

---

344 Dall'articolo di Antonino Gulisano in R.S. *Risorgimento Socialista – Direttivo Nazionale*.

345 I tre deputati regionali, tutti provenienti dal gruppo *Il Megafono*, facente riferimento al Presidente della Regione Sicilia Rosario Crocetta, sono: Giovanni Di Giacinto, Marco Forzese e Antonio Malafarina. I precedenti due sono Antonio Venturino e Nino Oddo.

346 All'introduzione dell'ex segretario del PSDI seguirono gli interventi di Roberto Sajeva (*Giovani e socialisti*), Maria Cristina

articolò in sei tavoli costituiti attorno ai rispettivi coordinatori: Enrico Buemi[347] (*Le istituzioni della democrazia: aprire una grande stagione costituente*), Oreste Pastorelli (*Tutela del territorio: semplificare le procedure e progettare il futuro*), Elisa Sassoli[348] (*La società solidale: riproporre l'alleanza tra merito e bisogno*), Gianpiero Magnani[349] (*La buona economia: lavorare meglio, lavorare tutti*), Bobo Craxi (*Pace e sicurezza: governare la globalizzazione*), Pia Locatelli (*La libertà delle persone: liberi e uguali*).

Le conclusioni furono tratte dal segretario Nencini che invitò a fare uno sforzo per *trovare una soluzione* e quindi per dare adeguate risposte alle nuove ingiustizie e alle nuove contraddizioni della società moderna, caratterizzata dalla rivoluzione tecnologica, dalla globalizzazione, dalle ondate di populismo, dalle marcate diseguaglianze, dalla disaffezione alla politica.

Pisani (*Riformismo*), Luigi Covatta (*Governare il cambiamento*), Mauro Del Bue (*Proposte per il futuro*), Ugo Intini (*Avanti Italia!*).

347 Enrico Buemi (n. 1947), giornalista, ex comunista, aderì poi allo SDI. Già due volte deputato, il 22-5-2013 subentrò al Senato a Ignazio Marino, candidato sindaco di Roma.

348 Elisa Sassoli, sociologa e ricercatrice universitaria, assessore al Comune di Castel Focognano, è un'esponente dell'associazione *Spirito Libero*.

349 Gianpiero Magnani, storico, giuslavorista, è docente all'università di Modena.

La collocazione politica dei socialisti fu sostanzialmente confermata dal segretario. Si doveva cioè coniugare il colloquio con altre forze riformiste, con una forte sottolineatura dell'autonomia e dell'iniziativa socialista. Sostanzialmente, né confusione di ruoli con la sinistra massimalista, né voglia di assorbimento nel PD: *La domanda che dobbiamo farci non è dove stanno i socialisti, ma come stanno nella sinistra riformista. Leali nell'alleanza, liberi nelle scelte.*

Quando, il 7-11-2015, settori della sinistra del PD decisero di convergere con SEL per dar vita ad un nuovo soggetto politico, denominato, con poca fantasia, SI ("Sinistra Italiana")[350], apparve evidente che tale operazione avrebbe tolto non poco spazio ai progetti di Risorgimento Socialista, o almeno della sua ala non legata al PSI, di fondare un nuovo movimento.

A tenere la barra al centro era sempre impegnato il segretario del PSI Nencini che, in un articolo sull'*Avanti!* del 20-11-2015 informava come per l'associazione[351] dell'on. Di Lello, non ci fosse, nel PSI , *traccia di attenzione*, e come, dal lato opposto, molti militanti della sinistra interna avessero proclamato la loro intenzione di partecipare al prossimo congresso,

---

350 Vi aderì anche Claudio Fava, in precedenza passato al PSI.

351 L'associazione aveva assunto la denominazione di *Socialisti & Democratici.*

dove *faranno valere le proprie ragioni*, senza bisogno di lasciare *il partito per andare a fondarne un altro o per aderire a Sinistra Italiana*[352].

Ma già il 26 successivo, sul giornale da lui diretto, Del Bue tracciò un quadro alquanto scuro[353], ma realistico del movimento socialista italiano.

Esso, in effetti, appariva all'osservatore, in quel momento, diviso in quattro:

1) Il PSI diretto da Riccardo Nencini.

2) La destra interna orientata alla confluenza nel PD (*L'on Marco Di Lello annuncia urbi et orbi l'adesione di socialisti alla sua associazione che si propone di traghettare nel PD coloro che si imbarcano*[354]).

---

352 In effetti sull'*Avanti!* del 23-11-2015 fu pubblicato un comunicato della corrente della minoranza di *Area socialista*, nella quale, fra l'altro, si proponeva di presentare *una lista socialista aperta fin dalle prossime elezioni politiche* e si riteneva necessario *il rilancio dell'iniziativa politica e sociale del PSI*, al momento ritenuto *schiacciato dalla sua subalternità nei confronti del governo e della forza del maggior partito e da una carenza di prospettiva politica dal profilo autonomo*.

353 I corsivi nei quattro punti sono tratti dall'articolo di Del Bue del 20-11-2016 sull'*Avanti!*.

354 Ad essa avevano aderito i deputati Marco Di Lello e Lello Di Gioia.

3) Una parte della sinistra interna orientata verso la costruzione di un nuovo soggetto politico (*A fine mese Franco Bartolomei lancia un nuovo soggetto politico che si chiama Risorgimento Socialista. I promotori dovranno naturalmente scegliere se tale movimento è una componente del PSI o, come pare, un nuovo partito*[355]).

4) La minoranza interna di Area socialista *che si è recentemente formata all'interno del PSI, col proposito di proporre una mozione e un candidato segretario al congresso*[356]), in forte polemica con la maggioranza nenciniana.

Ce n'era abbastanza perché il segretario Nencini, sull'*Avanti!* del 27-11-2015 lanciasse l'ennesimo appello unitario: *Mi rivolgo a tutti i dirigenti, locali e nazionali, perché si stringano attorno al partito in una fase così delicata.*

Il giorno dopo, sabato 28 novembre 2015, si svolse a Roma, l' *Assemblea costituente del movimento per il Risorgimento Socialista*, con la partecipazione di 200 militanti e dirigenti di varie realtà socialiste di varie

---

355 A Del Bue rispose, il giorno dopo Antonello Longo, scrivendo che *Risorgimento Socialista è un movimento autonomo socialista, che vuole contribuire alla costruzione di una sinistra che si proponga non di gestire l'esistente ma di lavorare per combattere gli attuali, ingiusti assetti economici e sociali.*

356 La Direzione del 25-11-2015 aveva convocato il Congresso Nazionale per il febbraio 2016.

parti d'Italia, che concordarono – così riassunse il leader Franco Bartolomei – *nel progetto di riaffermare il socialismo italiano, come forza protagonista di un processo di alternativa di sinistra al quadro di governo esistente* e con la prospettiva di partecipare ad un *più ampio processo costituente di ricostruzione della Sinistra italiana.*

Dall'Assemblea scaturì la costituzione di "Risorgimento Socialista", come nuovo soggetto politico del Socialismo italiano. Fu anche stabilita la convocazione del Direttivo Nazionale per il gennaio 2016, per l'approvazione definitiva del programma, dello Statuto e della struttura organizzativa del movimento, per i quali furono formate tre apposite commissioni di lavoro.

All'approssimarsi del proprio congresso, convocato indicativamente per il febbraio 2016, la polemica interna nel PSI riprese vigore. Il 30 novembre 2011 l'*Avanti!* pubblicò due documenti: uno di solidarietà[357]

357 Il documento era firmato da Maria Cristina Pisani, Federico Parea, Enzo Maraio, Luigi Iorio, Elisa Gambardella, Roberto Sajeva, Francesco Castria, a cui si erano successivamente aggiunti altri.

col segretario Nencini e col tesoriere Pastorelli, in cui si sottolineavano *i lusinghieri risultati ottenuti dalla delegazione parlamentare* e il *soddisfacente stato di salute, organizzativo e politico* del PSI e si prendevano le distanze da tentazioni frazionistiche *volte a destabilizzare la comunità socialista*; l'altro consistente in una "Lettera ai compagni"[358] del 27-11-2015, inviata da parte della componente *Area socialista*, in cui veniva evidenziato, fra l'altro, come il PSI fosse *ridotto al lumicino*, come fosse continua l' *emorragia di sezioni e compagni*. Inoltre vi si affermava:

> *Modificare continuamente la linea politica a seconda delle convenienze e assecondare di volta in volta il capo prevalente del PD, non può essere la linea di un partito.*

Ancora una volta nubi tempestose sembravano addensarsi nel cielo del socialismo italiano. Ma nel dicembre 2015 quelle nubi sembrarono diradarsi[359], almeno per quelli che ci credevano, in seguito alle dichiarazioni distensive e unitarie di Stefano Caldoro,

---

358 Il documento era firmato da Roberto Biscardini, Bobo Craxi, Pieraldo Ciucchi, Gerardo Labellarte, Aldo Potenza, Angelo Sollazzo.

359 Il 2-12-2015 aderì al PSI il deputato Carmelo Lo Monte, proveniente dal *Centro Democratico* e poi passato al Gruppo Misto.

già leader dell'ala destra del partito della destra socialista PS-Nuovo PS, alleato della destra berlusconiana e non, ed allora presidente e leader del NPSI. Nencini replicò, con sorpresa di molti, che intendeva "raccogliere la sfida", cioè – almeno così sembrava - intavolare un discorso in prospettiva unitario col partito di Caldoro: *Raccolgo volentieri la sfida lanciata da Stefano Caldoro. Un movimento politico e riformista che si ispiri al socialismo italiano ed europeo è nel nostro orizzonte. Vanno intanto unite le forze proprio per dare piena cittadinanza a un mondo che ha reso l'Italia più libera e più civile. Sono d'accordo con lui: costruire modernità deve essere il filo rosso di questo impegno*[360].

Il colloquio a distanza fu continuato sull'*Avanti!* del 10-12-2015 da Guido Marone co-segretario nazionale del NPSI, *sollecitato a scrivere,* e dal direttore del glorioso giornale socialista Mauro Del Bue. All'orizzonte sembrava prendere corpo l'idea una lista "unitaria" per le elezioni comunali di Napoli. Il partito storico del socialismo italiano, mentre perdeva pezzi a sinistra, sembrava volersi spostare a destra. L'anno prima Nencini aveva detto in un'intervista[361]: *Socialista è uno degli aggettivi più abusati* e *Tra destra e sinistra esiste ancora una bella differenza.*

---

360 *Avanti!,* 3-12-2015.

361 La Città, 14-7-2014.

Veniva perciò perciò da chiedersi: - Quale futuro per il PSI?

Volendo sottolineare l'autonomia del PSI rispetto al Governo e al PD, Nencini annunciò, il 27 gennaio 2016, la prossima presentazione di un progetto di legge per modificare la recente legge elettorale, detta *Italicum*, volto a stabilire che il premio di maggioranza per i vincitori delle elezioni non fosse assegnato solo al partito primo classificato, ma *suddiviso tra le forze politiche che concorrono alla vittoria elettorale*. Non una parola sull'introduzione delle preferenze, da cui la riforma elettorale aveva tratto spunto. Ci si avviava dunque ad un altro Parlamento di nominati?

Intanto il 30 gennaio 2016 si riunì a Roma, come convenuto, il Direttivo Nazionale di Risorgimento Socialista, portando a termine tutti gli adempimenti previsti nell'Ordine del Giorno. In particolare elesse un Coordinamento Nazionale[362], al quale fu affidato anche il compito di registrare lo Statuto approvato e di

---

362 Il Coordinamento Nazionale risultò composto da Franco Bartolomei (Coordinatore Politico), Giovanni Rebechi (Coordinatore Organizzativo), Alberto Benzoni (Cultura e comunicazione), Felice Besostri (Coordinatore politiche democratiche e legalità e rapporti internazionali), Michele Ferro, Ferdinando Pastore, Francesco Somaini, Andrew Nat, Manfredi Mangano. Ad essi saranno aggiunti un rappresentante per ogni regione, tranne il Lazio e la Lombardia, già ampiamente rappresentati.

depositare il Simbolo del movimento. Fu anche stabilito di promuovere la formazione di Coordinamenti Regionali. Sul piano politico fu deciso di partecipare al dibattito sull'eventuale costruzione di un nuovo soggetto politico di sinistra, di opposizione – recita il documento finale – *alle politiche neo-liberiste dell'attuale Governo, alla distruzione della Costituzione e del lavoro.* Fu deciso inoltre di battersi contro la nuova legge elettorale detta *Italicum* e contro la riforma costituzionale. Fu stabilito, inoltre, di impegnarsi *per affermare il ripristino di tutti i diritti sociali, economici, politici e di partecipazione della gente alle scelte che riguardano tutto il popolo, per la difesa dei diritti dei meno abbienti, per il ripristino del welfare a livello di un Paese civile... per un'economia ecosostenibile... contro il decreto cosiddetto della buona scuola.*

Continuava, intanto, all'interno del PSI, man mano che si avvicinava la riunione del Consiglio Nazionale, che avrebbe convocato il Congresso, il dibattito, spesso alquanto vivace fra le due componenti che si sarebbero affrontate: quella aderente alle posizioni del segretario Nencini e quella di opposizione interna, *Area Socialista*.

A nome di quest'ultima, all'evidente scopo di smorzare i toni del dibattito, intervenne, a nome della corrente, il suo leader Bobo Craxi:

> Ci sono nel partito punti di vista diversi e in qualche caso del tutto opposti, sul Governo,

sulla Riforma elettorale e costituzionale, sulla politica delle alleanze, sulla gestione del partito, sulle espulsioni, sulle incompatibilità fra governo e partito e su cooptazioni e iscritti.

Se se ne vuole discutere con spirito unitario nessuno si sottrarrà. Infliggere questa discussione ai compagni già impegnati in campagna elettorale ad aprile, immagino sia solo una provocazione[363].

Il tono distensivo fu subito colto da Nencini: *occorre lavorare in questa direzione.*

Qualche giorno dopo anche il direttore dell'*Avanti!* Del Bue colse il nuovo clima, con qualche precisazione:

Tutto si può e si deve affrontare. Dagli indirizzi generali agli assetti interni con la massima apertura e disponibilità ad accogliere consigli e contributi utili. Quello che non si può fare è rinviare il congresso o pensare di svolgerlo al di fuori delle norme statutarie. [...] Senza chiusure aprioristiche, ma anche senza quella guerriglia interna che porterebbe solo danno a chi la subisce, ma anche e soprattutto a chi la fa[364].

Il Consiglio Nazionale del PSI, in effetti, nella riunione del 20-2-2016, convocò il IV congresso del partito, al quale avrebbero partecipato circa 22.000 iscritti e che si sarebbe tenuto a Salerno nei giorni 15-16-17 aprile 2016.

---

363 *Avanti!*, 5-5-2016.

364 *Congresso perché* in *Avanti!*, 8-2-2016.

Area socialista non partecipò all'approvazione della relazione e del documento finale, *ritenendo ancora presenti e rilevanti questioni vistose di irregolarità formali nella convocazione e nella composizione dell'Assemblea stessa, nonché del tesseramento del Partito*[365].

Pesava, inoltre, su tutto il Partito, la questione non risolta del craxismo, che aveva segnato le esperienze di molti dirigenti socialisti, anche di aree diverse, interne ed esterne al PSI. Bisognava, a nostro parere, uscire da ogni schematismo e consegnare Craxi alla Storia, magari con un apposito convegno. Bisognava guardare avanti, senza rimpianti di alcun genere, per affrontare le nuove problematiche che incombono sulla società moderna.

Questo congresso, scrisse un membro[366] della Direzione del PSI, *deve essere per noi il congresso della „decraxizzazione"una volta per tutte.*

Il 23 febbraio 2016 un comunicato stampa diede notizia di un incontro, avvenuto a Roma due giorni prima, tra una delegazione della „Federazione per il socialismo"[367]

---

365 Dall'*Appello alla mobilitazione* di *Area Socialista*, pubblicato sull'*Avanti! online* del 20-2-2016.

366 Marco Andreini in *Elaborare il lutto*, pubblicato sull'*Avanti! online* il 15-2-2016.

367 Con un comunicato del 21-9-2015 la „Federazione per il Socialismo", sempre presieduta da Paolo Bagnoli e in dissenso

e una di "Convergenza Socialista"[368], le quali avevano convenuto *sul fatto che è necessario mettere in moto una forte iniziativa per far rinascere una cultura politica e un soggetto socialista autonomo e di sinistra,* coerente con la *grande tradizione del socialismo italiano,[...], un soggetto socialista ispirato agli ideali della giustizia e della libertà.*

Il tema, fu concordato, sarebbe stato ripreso in un convegno comune delle due organizzazioni, intitolato *Ritorno al Socialismo,* da tenersi il 19 marzo 2016 a Roma, al *Teatro Petrolini.*

---

col suo ex segretario, *sollevato dall'incarico,* aveva preso le distanze da „Risorgimento Socialista" , per il fatto che all'interno di quest'ultimo ci fossero elementi ancora militanti nel PSI. Per cui, ribadita la necessità di *far rinascere in Italia un processo di unificazione dei socialisti che, superando l'equivoco del PSI, ridesse al nostro Paese un soggetto socialista autonomo e di sinistra,* aveva rilevato che *non si può ritenere credibile di dar vita a un nuovo soggetto socialista rimanendo iscritti al PSI.* Di conseguenza la „Federazione per il socialismo", fino a quando non si fosse fatta chiarezza su quelle tematiche, si sarebbe tenuta *fuori da ogni iniziativa di Risorgimento Socialista.*

368 „Convergenza Socialista", sorta nel marzo 2013, dice il suo Statuto, è *un partito politico socialista, autonomo ed indipendente da qualsiasi altro soggetto politico e sindacale, che si colloca all'interno della sinistra italiana e si richiama alle esperienze radicalmente riformiste della sinistra europea e dell'internazionalismo.* Segretario nazionale ne è Manuel Santoro.

Si andava così verso una nuova (?) fase della storia del socialismo italiano. Una storia fatta di correnti di pensiero, di scissioni, di fusioni, di ricomposizioni, di congressi, di convegni, di lotte sociali, di convergenze, di divergenze, di prese di distanze, di puntualizzazioni, di precisazioni, di richiami al passato, di proiezioni verso il futuro. Una storia effervescente, agitata, inquieta; ma anche viva, libertaria, romantica.

Una storia che, mancando di un centro direzionale unico ed autorevole, com'è il Vaticano per la Chiesa Cattolica e come era l'URSS per il mondo comunista, fatalmente dà luogo a tante diversità tattiche, a tante forme di organizzazione, a tante scuole di pensiero. E di conseguenza la mancanza di compattezza finisce per costituire la maggiore debolezza del vasto mondo socialista, mentre la sua eterogenea pluralità ne arricchisce la cultura, la freschezza e il fascino e dunque la vitalità.

Insomma, io credo, il socialismo non può essere che eclettico negli apporti culturali ed unito nella lotta, secondo il modello laburista. Unito attorno ai cardini su cui poggia il socialismo: Democrazia, Classismo, Internazionalismo.

Conclusioni?

Cercare di trarre conclusioni dalla Storia, intesa come sequenza di fatti umani in continua evoluzione, sarebbe impresa piuttosto audace. Se poi si tratta, come nel nostro caso, di fatti che stanno con un piede nella Storia e con l'altro nella Cronaca, l'impresa diventa addirittura avventata e pericolosa. In casi simili, infatti, non sono solo i fatti del passato ad influire sulla nostra formazione e quindi sui nostri giudizi, ma anche gli avvenimenti recenti a condizionare i fatti del passato, cioè i giudizi che noi possiamo dare su di esso. Le passioni attuali, anche sincere e disinteressate, anche contro la dichiarata volontà dell'interessato, concorrono in maniera massiccia a formare le nostre opinioni sul passato, e sul passato prossimo ancor di più.

Dunque niente conclusioni, niente che abbia a che fare con la saggezza, l'esperienza, l'onestà, ecc. ecc. dell'autore.

Piuttosto mi pare più giusto comunicare ai lettori spunti di riflessioni capaci di provocare altre riflessioni, di sollecitare giudizi, repliche, controdeduzioni, dialettica insomma.

Il Centro. Nelle società occidentali evolute si è ormai consolidata l'opinione che né la sinistra né la destra possono avere la maggioranza assoluta dei consensi, che dunque può essere raggiunta solo attraverso l'alleanza di una delle due ali col Centro, con i cosiddetti „moderati", cioè con la grande palude di opinioni e di interessi oscillante fra le due ali. Per conquistare il consenso dei moderati dunque assistiamo ad una continua scoloritura dei programmi e perfino del linguaggio: ci sono socialisti sempre pronti ad un abbraccio col centro (vedi ad esempio la SPD in Germania) ed ex figli della lupa che un giorno sì e l'altro pure si ergono a difensori della democrazia, minacciata, a loro dire dai comunisti, che però non esistono più. E i due poli non si chiamano più „Sinistra" e „Destra", ma centro-sinistra e centro-destra. E, infatti, i più „cattivi" fra i loro esponenti, quando parlano degli avversari, tolgono dalla denominazione che quelli pudicamente si erano dati la parola „centro", per additarli all'opinione pubblica, adeguatamente cloroformizzata dalla TV, come estremisti di sinistra o di destra, ma comunque estremisti da cui guardarsi.

Si arriva dunque al punto, essendo stati annacquati i programmi delle due ali con massicce dosi di centro"moderato", che in molti si è radicata l'opinione che sinistra e destra non esistono più, sono concetti obsoleti.

In questo modo, chiunque vinca, il conservatorismo trionfa.

Certo, se si fa coincidere la sinistra con la classe operaia, effettivamente la sinistra (i socialisti) non é, e non potrà mai essere, in Occidente, maggioritaria nell'elettorato (in Parlamento sì, qualche volta, grazie alle leggi elettorali, come ad esempio in Inghilterra).

Ma se si sostituisce al concetto di classe operaia quello di classe lavoratrice, allora le cose cambiano. Se agli operai si sommano i braccianti, i contadini, gli artigiani, i piccoli imprenditori, i disoccupati, i pensionati, le donne, i malati, i disabili, gli emarginati per i più vari motivi, allora la sinistra diventa maggioritaria. Ma a condizione che sappia costruire una piattaforma unificante fra tutti coloro che vivono del proprio lavoro o che lottano per il proprio riscatto. Non è un'impresa facile, ma non è impossibile.

Il Riformismo. Oggi tutti si dicono riformisti, perfino i conservatori. Tutti vogliono le riforme. La parola „riforma" ha assunto un valore quasi magico, al punto che si ritiene che chi vuole o realizza le riforme merita l'approvazione popolare, gli altri la riprovazione dei cittadini. È un grande bluff   oppure veramente

284

a nessuno viene in mente che la magica parola di per sé non dice nulla, perché le riforme possono essere buone, ma anche cattive, le cose possono cambiarsi in meglio, ma anche in peggio? Nell'ambito socialista poi la parola è addirittura inflazionata! Non c'é gruppo o gruppuscolo che non si dica riformista: quelli che rimangono nel PSI e quelli che vogliono collocarsi alla sua sinistra, quelli che sono andati nel PD e quelli che sono andati in FI.

È veramente il trionfo del Riformismo, una volta tanto vituperato, perché considerato troppo vicino al parlamentarismo, al carrierismo, al compromesso, all'opportunismo, a volte al cedimento ideale e pratico. Vien quasi voglia di spendere qualche parola per il tanto vituperato massimalismo, da destra e da sinistra additato come parolaio, inconcludente e pericoloso; ma che tra le sue file ha annoverato autentici maestri di vita e di socialismo, come Costantino Lazzari, Arturo Vella, Adelchi Baratono, Giovanni Bacci, Pietro Nenni, Angelica Balabanoff, Maria Giudice, che seppero rimanere fedeli al loro ideale anche in mezzo alle più furiose tempeste.

Lo stesso Turati non amava essere definito riformista, perché per lui non ci potevano essere riforme socialiste che non fossero rivoluzionarie, come non ci potevano essere rivoluzioni socialiste che non comportassero delle riforme.

Comunque, il riformismo autentico, quello di Turati, Treves, Prampolini, Matteotti, Modigliani, Kuliscioff, Saragat, così diverso da molte sue moderne parodie, ce lo descrive un riformista vero, Rodolfo Mondolfo:

> Le riforme non costituiscono[...] il contrapposto della rivoluzione, perché risulta già inteso che l'essenza di una rivoluzione non consiste affatto nello scoppio di un'azione violenta, ma nella trasformazione della struttura sociale, la quale, per essere effettiva, non può operarsi di colpo, ma solo in modo graduale e progressivo. Le riforme che cambiano via via la struttura sociale sono una rivoluzione in cammino, l'unica che si compia saldamente ed in una maniera reale.

Quell'accenno alla "struttura" non ricorda forse un socialista di nome Riccardo Lombardi?

Gli aggettivi. Sono rimasti in pochi, almeno in Italia, a definirsi semplicemente socialisti. I più si dichiarano socialdemocratici, socialisti democratici, socialisti liberali, liberalsocialisti, socialriformisti. Come se il socialismo avesse bisogno di aggettivi!

Qualche parola solo su socialismo e socialdemocrazia. Ai tempi della Seconda Internazionale i due termini erano assolutamente intercambiabili: Lenin era iscritto al Partito Operaio SOCIAL DEMOCRATICO Russo e

Bissolati al Partito SOCIALISTA Italiano. Dopo la prima guerra mondiale emerse una certa differenziazione nell'uso dei due termini. „Socialista" era chi adottava il metodo democratico (senza comunque rinunciare aprioristicamente alla lotta rivoluzionaria contro le dittature per riconquistare la democrazia soppressa) e mirava alla costruzione di una società nuova, la socialista, appunto;. „socialdemocratico" era definito chi adottava senza riserve il metodo democratico e mirava a conseguire una serie di riforme per eliminare le punte più aspre della società capitalista, senza comunque rovesciarla.

In seguito i due termini sono tornati ad essere intercambiabili, intendendo con ciascuno di essi indicare la volontà di coniugare la libertà con la giustizia, per arricchire sempre di più di contenuti sociali la democrazia.

A questo punto l'aggiunta di ulteriori aggettivi diventa pleonastica, oppure tende a sottolineare la differenza col cosiddetto „socialismo reale", che era solo un'appropriazione indebita del termine „socialismo" da parte dei regimi comunisti, che invece si erano ormai allontanati da ogni forma di socialismo per instaurare e gestire il potere di una nuova classe di burocrati di partito.

Il Liberalsocialismo. Un Carlo al posto di un altro sugli altari. Rosselli al posto di Marx. Il liberalsocialismo al posto del socialismo. La moda si è diffusa e i gruppi politici che si dicono, più o meno esplicitamente, „liberasocialisti" prolificano. Uno dei termini che più spesso viene accostato alla parola „socialista" è „liberale". Ve li immaginate assieme, nella stessa barca politica, Nenni e Malagodi?

Il liberalismo è sempre stato una dottrina politica opposta al socialismo, specialmente nella sua parte economica, il *liberismo*, che finisce per considerare il lavoro come una merce, come qualunque altra merce, il cui prezzo (salario) viene formato dalle mutevoli condizioni del mercato. Il totale fallimento delle dottrine liberiste è un fatto ormai acquisito, come testimoniano gli stessi liberali, i quali ormai si fanno chiamare *liberaldemocratici*, quasi per scusarsi delle conseguenze sociali del liberismo; come testimonia anche il fatto che, dove più dove meno, si è reso necessario l'intervento dello Stato per tamponare le ferite sociali aperte dal liberismo. Qualcuno dice che bisogna ormai lasciar perdere le tanto deprecate (anche dal pensiero sociale cristiano) dottrine liberiste, e prendere invece lo spirito di libertà che emana dal liberalismo per unirlo alle idee di giustizia di cui è portatore il socialismo.

A questi amici vorrei ricordare che l'Italia dalla sua formazione all'avvento del fascismo fu guidata da governi liberali, i quali non seppero o non vollero dare ai loro concittadini il suffragio universale, qualificandosi così come braccio operativo dell'ideologia dei ceti dominanti.

In Italia il liberalsocialismo non è mai riuscito a penetrare tra le masse in tutte le sue manifestazioni organizzate, dal Partito d'Azione ad Alleanza Democratica. Con tutto il rispetto per l'eroico Carlo Rosselli e per i suoi validissimi epigoni; i quali, però alla fine dovettero scegliere tra socialismo e liberalismo, ovvero tra PSI e PRI.

A sinistra. Domanda: dove stanno i socialisti, a destra o a sinistra? Verrebbe da rispondere, esaminando la diaspora socialista italiana: Dovunque!

Ma le cose non stanno così: un partito che si dice socialista non *sta* a sinistra, è la sinistra. Lo dice la storia, lo dice la geografia: in ogni tempo e in ogni luogo il socialismo è la sinistra dello schieramento politico. L'unica sinistra credibile, capace di modificare le strutture sociali, più dei fallimentari e a volte disumani esperimenti di pseudosinistre rivoluzionarie o di vaghi e vari democraticismi, semplici gestori dello *status quo* sociale.

Certo è nella natura umana cambiare idea, anzi meno male che è così. Ma chi cambia idea, passando ad altro schieramento, non ha più diritto di definirsi socialista.

Il craxismo. Il problema è delicato ed importante, ma va superato. E soprattutto va storicizzato. La figura di Bettino Craxi, che comunque occupa un posto rilevante nella storia del socialismo italiano, deve essere considerata nella sua completezza: come innovatore del socialismo italiano e della sua autonomia, come gestore di una vita interna di partito spesso insidiata da sgradevoli e arroganti capetti di provincia, come uomo di partito che dovette affrontare delle difficili problematiche, come statista che ebbe delle intuizioni anticipatrici dei tempi.

Il perché della crisi socialista in Italia. Il declino delle ideologie, il crollo della Prima Repubblica, gli scandali, la mediocrità di taluni, la scarsa coerenza di altri, la propensione alle scissioni, gli organi direttivi pletorici che non dirigono un bel niente, il cambio di alleati, la confusione, per via di socialisti schierati da tutte le parti, la mancanza di disciplina, la mania delle unificazioni, anche quando si vuole unire il diavolo all'acqua santa, il voler recuperare l'elettorato dell'ultimo PSI, andato per la maggior parte a rimpolpare la destra, dimenticando che quell'elettorato in realtà era di destra ed è tornato a casa... e chissà che altro si potrebbe aggiungere.

Ma l'autore di queste note non vuol passare per presuntuoso e non adotta nessuna di queste proposizioni. Si permette, con tutta l'umiltà del caso, di suggerire di dare un'occhiata alla frase di Pertini riportata in copertina.

(10-5-2017) *Si segnala, per i lettori che volessero essere informati sui simboli che sono stati espressi dal movimento socialista italiano della diaspora, il sito internet* www.isimbolidelladiscordia.it *gestito dal dott. Gabriele Maestri, ricercatore dell'Università di Roma Tre e studioso dell'argomento.*

I leader della diaspora

Salvo Andò

Alessandro Battilocchio

Franco Bartolomei

Giorgio Benvenuto

Enrico Boselli

Stefano Caldoro

Giorgio Carta

Fabrizio Cicchitto

Bobo Craxi

Stefania Craxi

Renato D'Andria

Mauro Del Bue

Ottaviano
Del Turco

Gianni De
Michelis

Marco Di
Lello

Rino
Formica

Ugo Intini

Pia Locatelli

Mimmo
Magistro

Enrico Manca

Claudio
Martelli

Enzo
Mattina

Riccardo
Nencini

Maurizio
Sacconi

Gianfranco
Schietroma

Claudio
Signorile

Angelo Sollazzo

Valdo Spini

Roberto
Villetti

Saverio
Zavettieri

Nota di edizione

Il testo "La diaspora del Socialismo italiano" è stato pubblicato in prima edizione cartacea nel 2016, edito da Divis, Slovakia, spol.sr.o. (ISBN 978-80-89454-14-3). Nel 2017 ZeroBook ha pubblicato l'edizione ebook. Questa edizione ZeroBook è parte della pubblicazione di *Tutte le opere di Ferdinando Leonzio* in atto dalla nostra Casa editrice.

Questo libro

Ferdinando Leonzio
La diaspora del Socialismo Italiano

ZeroBook

Una ricostruzione della diaspora socialista italiana (1994-2015) scritta con la passione della fede e con il rigore della scienza. "*I giovani non hanno bisogno di sermoni: i giovani hanno bisogno di esempi di onestà, di coerenza e di altruismo*" (Sandro Pertini)

L'autore

Ferdinando Leonzio (nato nel 1939), appassionato cultore di storia e di ricerca storica, autore anche di articoli, recensioni e prefazioni, già corrispondente dell'*Avanti!* e dell'*Ora*, ha pubblicato i seguenti libri:

Ed. in proprio: *Una storia socialista* ; per le ed. Ddisa: *Lentini 1892-1956, Alchimie, Il culto e la memoria, Socialismo-l'orgia delle scissioni*; ed. a cura del Kiwanis

Club di Lentini: *Filadelfo Castro*; per le ed. Aped: *Intervista a Enzo Nicotra, Lentini vota, 13 storie leontine*; per le ed. Divis – SLOVAKIA-spol.sr.o.: *Segretari e leader del socialismo italiano, Breve storia della socialdemocrazia slovacca, La scommessa, Donne del socialismo, La diaspora del socialismo italiano, Cento gocce di vita.*

Per ZeroBook (2017): *Segretari e leader del socialismo italiano, Breve storia della Socialdemocrazia slovacca, Donne del socialismo, La diaspora del socialismo italiano, Cento gocce di vita, La diaspora del comunismo italiano, Sei parole sui fumetti, Otello Marilli, Lentini nell'Italia repubblicana, Delfo Castro il socialdemocratico.*

Le edizioni ZeroBook

Le edizioni ZeroBook nascono nel 2003 a fianco delle attività di www.girodivite.it. Il claim è: "un'altra editoria è possibile". ZeroBook è una piccola casa editrice attiva soprattutto (ma non solo) nel campo dell'editoriale digitale e nella libera circolazione dei saperi e delle conoscenze.

Quanti sono interessati, possono contattarci via email: zerobook@girodivite.it

O visitare le pagine su: http://www.girodivite.it/-ZeroBook-.html

Ultimi volumi:

Enne / Piero Buscemi

Permesso di soggiorno obbligato / redazione Girodivite.

La socialdemocrazia italiana fra scissioni e confluenze (1947-1998) / Ferdinando Leonzio.

Cortale, borgo di Calabria / di Pasquale Riga

Delitto a Nova Milanese : venticinque righe nelle "brevi" / Adriano Todaro

Abbiamo una Costituzione : Ideologie, partiti e coscienza democratica costituzionale / Gaetano Sgalambro

Lentini nell'Italia repubblicana / di Ferdinando Leonzio

Emma Swan e l'eredità di Adele Filò / di Simona Urso

Otello Marilli / di Ferdinando Leonzio

Autobianchi : vita e morte di una fabbrica / di Adriano Todaro

prefazione di Diego Novelli

Sei parole sui fumetti / di Ferdinando Leonzio

Sotto perlaceo cielo : mito e memoria nell'opera di Francesco Pennisi / di Luca Boggio

Accanto ad un bicchiere di vino : antologia della poesia da Li Po a Rino Gaetano / a cura di Piero Buscemi

Il cronoWeb / a cura di Sergio Failla

L'isola dei cani / di Piero Buscemi

Saggistica:

I Sessantotto di Sicilia / Pina La Villa, Sergio Failla (ISBN 978-88-6711-067-4)

Il Sessantotto dei giovani leoni / Sergio Failla (ISBN 978-88-6711-069-8)

Antenati: per una storia delle letterature europee: volume primo: dalle origini al Trecento / di Sandro Letta (ISBN 978-88-6711-101-5)

Antenati: per una storia delle letterature europee: volume secondo: dal Quattrocento all'Ottocento / di Sandro Letta (ISBN 978-88-6711-103-9)

Antenati: per una storia delle letterature europee: volume terzo: dal Novecento al Ventunesimo secolo / di Sandro Letta (ISBN 978-88-6711-105-3)

Il cronoWeb / a cura di Sergio Failla (ISBN 978-88-6711-097-1)

Il prima e il Mentre del Web / di Victor Kusak (ISBN 978-88-6711-098-8)

Col volto reclinato sulla sinistra / di Orazio Leotta (ISBN 978-88-6711-023-0)

Il torto del recensore / di Victor Kusak (ISBN 978-6711-051-3)

Elle come leggere / di Pina La Villa (ISBN 978-88-6711-029-2)

Segnali di fumo / di Pina La Villa (ISBN 978-88-6711-035-3)

Musica rebelde / di Victor Kusak (ISBN 978-88-6711-025-4)

Il design negli anni Sessanta / di Barbara Failla

Parole rubate / redazione Girodivite-ZeroBook (ISBN 978-88-6711-109-1)

Accanto ad un bicchiere di vino : antologia della poesia da Li Po a Rino Gaetano / a cura di Piero Buscemi (ISBN 978-88-6711-107-7, 978-88-6711-108-4)

Neuroni in fuga / Adriano Todaro (ISBN 978-88-6711-111-4)

Celluloide : storie personaggi recensioni e curiosità cinematografiche / a cura di Piero Buscemi (ISBN 978-88-6711-123-7)

Sotto perlaceo cielo : mito e memoria nell'opera di Francesco Pennisi / di Luca Boggio (ISBN 978-88-6711-129-9)

Per una bibliografia sul Settantasette / Marta F. Di Stefano (ISBN 978-88-6711-131-2)

Iolanda Crimi : un libro, una storia, la Storia / di Pina La Villa (ISBN 978-88-6711-135-0)

Autobianchi : vita e morte di una fabbrica / di Adriano Todaro

prefazione di Diego Novelli (ISBN 978-88-6711-141-1)

Dizionario politico-sociale di Nova Milanese : Passato e presente / Adriano Todaro (ISBN 978-88-6711-151-0)

Abbiamo una Costituzione : Ideologie, partiti e coscienza

democratica costituzionale / Gaetano Sgalambro (ebook ISBN 978-88-6711-163-3, book ISBN 978-88-6711-164-0)

La peste di Palermo del 1575 / di Giovanni Filippo Ingrassia (ebook ISBN 978-88-6711-173-2)

Permesso di soggiorno obbligato / redazione Girodivite (ebook ISBN 978-88-6711-181-7, book ISBN 978-88-6711-182-4)

Narrativa:

L'isola dei cani / di Piero Buscemi (ISBN 978-88-6711-037-7)

L'anno delle tredici lune / di Sandro Letta (ISBN 978-88-6711-019-3)

Emma Swan e l'eredità di Adele Filò / di Simona Urso (ISBN 978-88-6711-153-4)

Delitto a Nova Milanese : venticinque righe nelle "brevi" / Adriano Todaro (ebook ISBN 978-88-6711-171-8, book ISBN 978-88-6711-172-5)

Enne / Piero Buscemi (eboo ISBN 978-88-6711-179-4, book ISBN 978-88-6711-180-0)

Poesia:

Iridea / poesie di Alice Molino, foto di Piero Buscemi (ISBN 978-88-6711-159-6)

Il libro dei piccoli rifiuti molesti / di Victor Kusak (ISBN 978-88-6711-063-6)

L'isola ed altre catastrofi (2000-2010) di Sandro Letta (ISBN 978-88-6711-059-9)

La mancanza dei frigoriferi (1996-1997) / di Sergio Failla (ISBN 978-88-6711-057-5)

Stanze d'uomini e sole (1986-1996) / di Sergio Failla (ISBN 978-88-6711-039-1)

Fragma (1978-1983) / di Sergio Failla (ISBN 978-88-6711-093-3)

Raccolta differenziata n°5 : poesie 2016-2018 / di Victor Kusak (ISBN 978-88-6711-149-7)

Libri fotografici:

I ragni di Praha / di Sergio Failla (ISBN 978-88-6711-049-0)

Transiti / di Victor Kusak (ISBN 978-88-6711-055-1)

Ventimetri / di Victor Kusak (ISBN 978-88-6711-095-7)

Visioni d'Europa / di Benjamin Mino, 3 volumi (ISBN 978-88-6711-143_8)

Cortale, borgo di Calabria / Pasquale Riga (ISBN 978-88-6711-175-6)

Opere di Ferdinando Leonzio:

Una storia socialista : Lentini 1956-2000 / di Ferdinando Leonzio (ISBN 978-88-6711-125-1)

Lentini 1892-1956 : Vicende politiche / di Ferdinando Leonzio (ISBN 978-88-6711-138-1)

Segretari e leader del socialismo italiano / di Ferdinando Leonzio (ISBN 978-88-6711-113-8)

Breve storia della socialdemocrazia slovacca / di Ferdinando Leonzio (ISBN 978-88-6711-115-2)

Donne del socialismo / di Ferdinando Leonzio (ISBN 978-88-6711-117-6)

La diaspora del socialismo italiano / di Ferdinando Leonzio (ISBN 978-88-6711-119-0)

Cento gocce di vita / di Ferdinando Leonzio (ISBN 978-88-6711-121-3)

La diaspora del comunismo italiano / di Ferdinando Leonzio (ISBN 978-88-6711-127-5)

Sei parole sui fumetti / di Ferdinando Leonzio (ISBN 978-88-6711-139-8)

Otello Marilli / di Ferdinando Leonzio (ISBN 978-88-6711-155-8)

La diaspora democristiana / di Ferdinando Leonzio (ISBN 978-88-6711-157-2)

Lentini nell'Italia repubblicana / di Ferdinando Leonzio (ebook ISBN 978-88-6711-161-9, book ISBN 978-88-6711-162-6)

Delfo Castro, il socialdemocratico / Ferdinando Leonzio (ebook ISBN 978-88-6711-169-5, book ISBN 978-88-6711-170-1)

La socialdemocrazia italiana fra scissioni e confluenze (1947-1998) / Ferdinando Leonzio (ebook ISBN 978-88-6711-177-0, book ISBN 978-88-6711-178-7)

Parole rubate:

Scritti per Gianni Giuffrida: La nuova gestione unitaria dell'attività ispettiva: L'Ispettorato Nazionale del Lavoro / di Cristina Giuffrida (ISBN 978-88-6711-133-6)

WikiBooks:

La Carta del Carnaro 1920-2020 (ISBN 978-88-6711-183-1)

Webology : le "cose" del Web / a cura di Sergio Failla (ISBN 978-88-6711-185-5)

Cataloghi:

ZeroBook: catalogo dei libri e delle idee 2012-...

Catalogo ZeroBook 2007

Catalogo ZeroBook 2006

Riviste:

Post/teca, antologia del meglio e del peggio del web italiano

ISSN 2282-2437

https://www.girodivite.it/-Post-teca-.html

Girodivite, segnali dalle città invisibili

ISSN 1970-7061

https://www.girodivite.it

https://www.girodivite.it

ZeroBook catalogo delle idee e dei libri

bimestrale

https://www.girodivite.it/-ZeroBook-free-catalogo-puoi-.html